Maria Housden
Hannahs Geschenk
Die Botschaft eines kurzen Lebens

Maria Housden

Hannahs Geschenk

Die Botschaft eines kurzen Lebens

Aus dem Amerikanischen von
Christiane Burkhardt

Ullstein

In Liebe und Dankbarkeit widme ich dieses Buch
Will, Hannah, Margaret und Madelaine

» … und nun lauf langsam, kleine Seele,
hin zum Ufer. Mit Sorgfalt wähle aus,
was du verlieren wirst.
Wie du dich auch entscheidest,
du hast Recht.«

Jane Hirshfield

Inhalt

9

Prolog: *Die roten Schuhe*

Wenn ich zurückdenke, kommt es mir vor, als würde sich mein ganzes Leben um diesen einen Moment drehen: Ich war gerade im Kinderschuhgeschäft Stride-Rite und überlegte, welches Paar Schuhe ich kaufen sollte. Schwarzes oder blaues Leder, beides würde perfekt zu Hannahs Kindergarten-Outfit passen. Ich hielt abwechselnd einen Schuh in jeder Farbe hoch und fragte: »Welcher gefällt dir besser?« Hannah hatte sich bereits entschieden.

»Das hier sind meine Schuhe«, verkündete sie und hielt ein Paar rote Riemchen-Lackschuhe in die Höhe.

Ich lächelte nachsichtig.

»Hannah, heute reicht mein Geld nur für ein Paar Schuhe. Die da sind sehr hübsch, aber leider nicht besonders praktisch. Wir müssen welche kaufen, die zu den Kleidern passen, die in deinem Schrank hängen.«

»Aber Mami«, protestierte sie, »rote Schuhe passen zu allem. Außerdem«, fügte sie hinzu und schlüpfte mit ihren Füßen in das ausgestellte Paar, das ihr drei Nummern zu groß war, »passen sie mir wie angegossen!!!«

Die Verkäuferin, die unser Gespräch mit angehört hatte, lachte.

»Na, was meint die Mutti?«, fragte sie. »Wollen wir mal sehen, ob wir noch ein kleineres Paar auf Lager haben?«

Ich zögerte. Eigentlich wollte ich nicht so viel ausgeben, und außerdem hatte ich an nicht ganz so auffällige Schuhe gedacht. Doch irgendetwas an Hannahs Vorfreude ließ mich das kategorische »Nein«, das mir schon auf der Zunge lag, wieder hinunterschlucken.

»Ja, sehen Sie ruhig mal im Lager nach«, sagte ich. Hannah quietschte und hüpfte vergnügt herum. Als die Frau zurückkehrte, schlüpfte Hannah sofort in die Schuhe. Diesmal saßen sie *wirklich* wie angegossen. »Genau wie bei Aschenputtel!«, flüsterte Hannah. Sie lief ungelenk auf den Spiegel zu, blieb eine Weile wie hypnotisiert davor stehen und starrte ihre neuen Schuhe darin an. Dann drehte sie sich zu mir um.

»Am besten, ich probiere sie mal aus«, sagte sie und klopfte mit dem einen Fuß auf die Auslegeware. Das stellte sie jedoch nicht zufrieden, und so lief sie auf den Ladenausgang zu, die Verkäuferin und ich hinterher. Kaum hatte Hannah den Hof der Einkaufspassage betreten, ließ sie das Klappern der roten Schuhe auf dem Holzfußboden regungslos verharren. Dann klackerte sie erst mit einer Ferse auf den Boden, dann mit der anderen. Sie sah auf und grinste mich an, um sich davon zu überzeugen, ob ich das auch gehört hatte. Ich lächelte und nickte ihr ermutigend zu.

Mit geschlossenen Augen und ausgebreiteten Armen begann Hannah zu tanzen. Alles ringsum, die Schuhe ausgenommen, geriet in Vergessenheit, als sie über die Bretter hüpfte, mit den Absätzen klackerte und sich immer schneller um sich selbst drehte. Ihre Begeisterung und das frech aufblitzende Rot der Schuhe zogen alle Aufmerksamkeit auf sich.

Passanten strahlten mit Hannah um die Wette. Manche blieben stehen und sahen zu; ein paar Kinder und ein älterer Herr begannen ebenfalls zu tanzen. Eine Frau, die Arme voller Einkaufstüten, wandte sich an eine andere, die neben ihr stand. »Mein Leben lang hab ich mir ein Paar rote Schuhe gewünscht«, sagte sie. Darauf meinte die andere: »Ich auch.« »Worauf haben wir eigentlich gewartet?«

Hannah beendete ihre Vorstellung, indem sie sich in einer

dramatischen Geste auf den Boden fallen ließ. Diejenigen, die stehen geblieben waren, klatschten und johlten. Hannah erhob sich, strich ihr Kleid glatt und schob ihren Haarreif zurecht.

»Mami«, sagte sie zu mir gewandt, »ich glaube, das sind meine Schuhe, findest du nicht?«

Man sollte das Leben nicht danach bewerten wie lang, sondern wie erfüllt man es gelebt hat.

Als man bei meiner Tochter Hannah einen Monat vor ihrem dritten Geburtstag Krebs diagnostizierte, stellte ich alle Prinzipien, nach denen ich bisher gelebt hatte, infrage. Angesichts dieser grausamen, unbarmherzigen Wahrheit wurde Hannah zu meiner Lehrmeisterin. Mit der aufrichtigen, lustigen und furchtlosen Art, wie sie ihr Leben lebte und ihren Tod akzeptierte, wies mir Hannah den Weg zu einer tieferen Erkenntnis und lehrte mich, auch mein Leben fröhlicher und weniger furchtsam zu leben.

Nach ihrem Tod 1994 versuchte ich mehrmals über unsere gemeinsame Reise zu schreiben. Ich zermarterte mir das Hirn, denn ich wollte nicht das Geringste vergessen – ein hoffnungsloses Unterfangen, das über meine Kräfte ging. Ich gab auf, beschloss zunächst einmal abzuwarten, ließ mir Zeit, zu trauern und das Vorgefallene zu verarbeiten. Nach und nach erkannte ich, dass diese Geschichte noch lang nicht abgeschlossen war; anstatt mit Hannahs Tod zu Ende zu gehen, hatte sie gerade erst begonnen. Ebenfalls nach und nach fielen mir bestimmte Episoden wieder ein. Flüchtige Augenblicke, die Wochen oder auch Monate zurücklagen, begannen Gestalt anzunehmen und sich gegen unseren Alltag abzusetzen.

Diese Episoden habe ich im vorliegenden Buch zusammengetragen. Es ist wie ein Fotoalbum mit Momentaufnahmen, die Hannah mir zum Geschenk gemacht hat. Diese Momente leben in meinem Herzen weiter und geben mir immer wieder Kraft.

Ich möchte Hannahs Geschichte und die Weisheit, die sie verkörpert, weitergeben. Möge dieses Buch Verzweifelten Trost spenden, Suchenden den Weg weisen und jeden Einzelnen dazu ermutigen, sein eigenes Leben wahrhaft zu leben.

WAHRHAFTIGKEIT

Darüber reden und danach handeln

»... und ihr werdet die Wahrheit erkennen,
und die Wahrheit wird euch frei machen.«

Johannes, Kapitel 8, Vers 32

Dr. Jekylls Wahrheit
und die Verdrängung des Mr. Hyde

Wir begannen am selben Tag zu bluten. Ich wachte langsam davon auf. Noch halb im Dämmerzustand lag ich mit geschlossenen Augen im Bett und atmete die kühle Morgenluft, die durch die geöffneten Fenster hereinströmte, nach der Augusthitze am Abend vorher eine wahre Wohltat. Ich streckte mich und seufzte zufrieden. Ich spürte, wie sich Claude neben mir bewegte und hörte, wie draußen auf der Straße ein Jogger vorbeilief. Ein Auto fuhr vorüber. Ich öffnete die Augen. Unser Schlafzimmer lag noch grau und still da.

Als ich mich auf die Seite rollte, spürte ich etwas Warmes, Klebriges zwischen meinen Beinen. Im Nu war ich hellwach. Meine Oberschenkel berührten sich und ich fühlte, wie etwas daran sog, als ich sie spreizte. Ich presste beide Schenkel fest zusammen und gab vor zu träumen. Ringsum herrschte friedliche Stille, nur mein Herz schlug mir bis zum Hals. Ich hörte, wie ein weiteres Auto vorbeifuhr; dann noch eines. Ich öffnete erneut die Augen, diesmal ließ ich mir Zeit. Das erste Tageslicht drang in das Zimmer und ich konnte die Umrisse der Möbel im Raum erkennen.

Mit einer Hand fuhr ich vorsichtig an meinem Unterleib entlang. Seine leichte Rundung beruhigte mich. Schließlich war erst gestern die winzige Gestalt meines Babys auf dem Ultraschallbild meiner Gynäkologin aufgetaucht und hatte den Raum mit dem verstärkten Pochen seines Herzens erfüllt. Claude hatte gelächelt und meine Hand gedrückt. Eine große Last war von mir abgefallen. Drei Fehlgeburten lagen hinter mir, alle in der achten Woche. Der Ultraschall gestern war der lang ersehnte Beweis dafür, dass dieses Baby, unser drittes Kind, im März zur Welt kommen würde. Unser Sohn Will war damals fünf, unsere Tochter Hannah fast drei Jahre alt.

Erst gestern Abend war ich wieder im Kinderzimmer am noch leeren Gitterbettchen gestanden, hatte meine Hand darüber gleiten lassen und mich an den Duft von Babypuder erinnert. Ich hatte so tief und fest geschlafen wie schon lange nicht mehr.

Jetzt lag ich neben Claude und atmete heftig. Ich wollte Bescheid wissen und wollte es zugleich auch wieder nicht. Endlich schlüpfte ich aus dem Bett, sorgfältig darauf bedacht, das Laken nicht mit meinen Oberschenkeln zu streifen. Als ich aufstand, spürte ich, wie mir etwas Warmes die Beine hinunterlief. Ich fing ein Tröpfchen mit der Fingerspitze auf: Blut. Ich hielt die gewölbte Handfläche darunter, um den Teppich nicht schmutzig zu machen und lief auf Zehenspitzen ins Bad. Genau in diesem Moment hörte ich, wie Hannah von unten aus ihrem Bett nach mir rief.

»Mami, ich muss Pipi!«

Ich faltete mehrere Lagen Toilettenpapier zusammen, wischte mir die Oberschenkel ab und starrte mich im Badezimmerspiegel an. Meine Augen sahen fürchterlich aus. Ich spritzte mir kaltes Wasser ins Gesicht und lief zu Hannah ins Kinderzimmer. Wie niedlich sie war, als sie sich in meine Halsbeuge kuschelte, während ich sie ins Bad trug, merkte ich kaum. Ich fragte mich, wie ich es nur fertig bringen sollte, Claude oder irgendeinem anderen Menschen von einer weiteren Fehlgeburt zu erzählen. Ich schämte mich so; das Baby zu verlieren, bedeutete, erneut versagt zu haben.

Als Hannah fertig war, hob ich sie von der Toilette und wurde jäh aus meiner Trauer gerissen. Hannahs Urin war tiefrot: Blut. Von Fehlgeburten verstand ich etwas; aber was es bedeutet, wenn eine Zweijährige Blut im Urin hat, wusste ich nicht. Einen Moment lang war ich unfähig, mich zu bewegen, geschweige denn einen klaren Gedanken zu fassen. Dann fühlte ich mich wie in Watte gepackt, war wie betäubt, funktionierte aber merkwürdigerweise tadellos. Alles Mögliche stürzte da gerade auf mich ein, aber irgendwie schien ich gar nichts damit zu tun zu haben. Ich konnte hören, wie Claude oben im Badezimmer die Dusche aufdrehte. Ich zog Hannah und mich an, weckte Will, deckte den Frühstückstisch und machte drei Anrufe: einen bei meiner Ärztin, einen beim Kinderarzt und einen bei meiner Freundin Lili. Als Claude herunterkam, erzählte ich ihm von meinem und Hannahs Blut. Ich konnte nicht einmal weinen. Claude sackte in sich zusammen, so als müsse er sich gleich übergeben. Eine halbe Minute lang sagte niemand von uns ein Wort. Schließlich stand er auf und griff nach meiner Hand.

»Schatz, was kann ich für dich tun?«, fragte er. Was er eigentlich wissen wollte, war, ob ich erwartete, dass er sich einen weiteren Tag frei nahm. Seit Monaten arbeiteten er und die anderen Ingenieure aus seinem Team bis zum Umfallen, sie hatten den Abgabetermin überschritten und das Budget überzogen. Vor drei Wochen hatte Claudes Chef verlangt, dass wir unseren Urlaub verschieben sollten. Claude hatte sich geweigert und ihm gesagt, seine Familie sei ihm wichtiger als die Arbeit. Auch gestern hatte er zu uns gehalten und mich zu meinem Termin bei der Gynäkologin begleitet.

»Ist schon in Ordnung«, sagte ich, atmete tief durch und versuchte, meine Angst zu verdrängen. »Ich habe schon mit Lili gesprochen und sie gebeten, auf die Kinder aufzupassen, während ich bei der Ärztin bin; und sie wird auch bei

Will bleiben, wenn ich mit Hannah zum Kinderarzt gehe. Wir kriegen das schon hin. Ich ruf dich an, sobald ich mehr weiß.«

»Bist du dir sicher?«, fragte Claude.

»Absolut«, sagte ich und küsste ihn flüchtig auf die Wange.»Wirklich. Wahrscheinlich ist es nur eine Lappalie. Ich bin mir sicher, das hat nichts zu bedeuten.«

Noch während ich das aussprach, wusste ich in meinem tiefsten Inneren, dass ich Unrecht hatte. Mir war, als spielte ich eine Doppelrolle in einem Film. Die Szene zeigte Hannah und mich, wie wir bluteten. Einerseits war ich ganz ruhig und sah der Wahrheit gefasst ins Auge. Andererseits war ich vor Angst wie gelähmt und klammerte mich an jeden Strohhalm, hoffte, wenn auch nur für kurze Zeit, dass alles wieder gut würde. Mir blieb gar nichts anderes übrig, als beide Rollen anzunehmen.

Stiller Trost

Anderthalb Stunden später bestätigte mir meine Gynäkologin, was ich längst wusste. Das Baby in meinem Bauch war tot. Nichts als Schweigen erfüllte den Raum, als sie mir mit der Ultraschallsonde über den Bauch fuhr; das kleine Ding, das noch gestern einen Herzschlag und einen Geburtstermin gehabt hatte, war heute nur noch ein Fleck auf einem Bildschirm, nichts weiter. Tränen liefen mir in die Ohren und durchnässten das Stück Stoff unter mir.

»Es tut mir Leid«, sagte die Ärztin.

Ich schaffte es kaum zu nicken, als ich mich anzog und die Praxis verließ. Im Auto ließ ich meinen Tränen freien Lauf. Auf der ganzen Fahrt zu Lili schluchzte ich. Nicht nur wegen des Kindes, das ich verloren hatte, sondern auch wegen dem, was vor mir lag.

Meine Freundinnen Kim, Kate und Deb warteten schon bei Lili auf mich. Unsere »Müttergruppe« traf sich nun schon seit über einem Jahr jeden Freitag bei einer von uns zu Hause. Alle vier sahen auf, als ich hereinkam. Ein Blick auf meine verquollenen Augen genügte, und sie wussten Bescheid. Während uns Lili etwas zum Mittagessen machte, rief ich Claude an und erzählte ihm, dass im März kein Baby auf die Welt kommen würde; keiner von uns beiden wusste, was er sagen sollte. Nachdem ich aufgelegt hatte, setzte ich mich zu meinen Freundinnen an den Tisch und stocherte im Essen herum, zu betäubt, um zu sprechen, geschweige denn zu essen.

Plötzlich ging die Tür zur Küche auf und Kindergeschrei erfüllte den Raum. Ich drehte mich um und sah Hannah in der Tür stehen. Sie trug ein Sommerkleidchen, ein Haarband in Pink und ihre neuen roten Schuhe. Sie stand einfach nur da und sah mich an. Dann lief sie quer durch die Küche, kletterte auf meinen Schoß und strich mir zärtlich über die Wange.

Perspektivenwechsel

Zwei Stunden später leerte Hannah beim Kinderarzt einen Korb voller Handpuppen aus und arbeitete sich so lange durch den Haufen, bis sie fand, wonach sie gesucht hatte. Mit einem Schmetterling unter dem Arm kletterte sie auf meinen Schoß, während ich gedankenverloren die Diplome und Fotos an den Wänden betrachtete. Wenige Minuten zuvor hatte Dr. Edman sie behutsam untersucht. Seine Miene hatte keinerlei Beunruhigung erkennen lassen. Fast war ich erleichtert. Er hatte uns gebeten, in seinem Büro auf ihn zu warten, ein ganz normaler Vorgang, er müsse nur noch einen Anruf erledigen. Jetzt kam er zur Tür herein und lehnte sich an den Rand seines Schreibtischs.

»Können Sie Claude bei der Arbeit erreichen?«, fragte er.

Mein Verstand hatte Mühe, seinen Worten zu folgen. Das war kein ganz normaler Vorgang. Was konnte nur so Wichtiges vorgefallen sein, dass ich Claude anrufen sollte?

»Hannah hat ein Geschwür im Unterleib«, sagte Dr. Edman freundlich. »Ich habe die Notaufnahme verständigt, sie warten dort schon auf sie. Am besten Claude kommt gleich dorthin.«

Ich wählte seine Nummer, und als Claude abnahm, wiederholte ich, was mir Dr. Edman gesagt hatte.

»Was hat das zu bedeuten?«, fragte Claude.

»Ich habe keine Ahnung«, sagte ich.

Hannah schlief während der Fahrt in ihrem Kindersitz auf der Rückbank. Vierzig Minuten später, noch während ich auf den Parkplatz vor der Notaufnahme einbog und den Motor abstellte, fiel mir auf, dass ich mich nicht daran erinnern konnte, auch nur an einer einzigen Ampel gehalten zu haben. Entweder hatte ich sie alle überfahren oder aber ich stand so neben mir, dass ich ganz automatisch korrekt gefahren war. Während ich Hannah aufrichtete und aus dem Wagen hob, schoss mir eine Frage durch den Kopf: Ein Geschwür – konnte das Krebs bedeuten? Ich verscheuchte diesen Gedanken sofort. Wie konnte ich an so etwas auch nur *denken*? Zweijährige erkranken nicht an Krebs. Dr. Edman hatte gesagt, es sei ein Geschwür. Man würde es entfernen und damit basta.

Als die Türen zur Notaufnahme aufgingen, fühlte ich mich sofort besser. Eine Krankenschwester eilte mir entgegen.

»Mrs. Martell?«, sagte sie halb fragend, halb grüßend. Ich nickte. Noch ganz verschlafen hob Hannah ihren Kopf von meiner Schulter.

»Alles in Ordnung, mein Fräulein«, flüsterte ich. »Wir sind im Krankenhaus. Diese Leute hier helfen uns dabei herauszufinden, was mit deinem Bauch los ist.«

»Ich hab Hunger«, sagte Hannah, schloss die Augen und ließ ihren Kopf wieder auf meine Schulter sinken.

Die Krankenschwester brachte uns in einen kleinen Untersuchungsraum. Ich setzte Hannah neben mich auf die Kante des gepolsterten Tisches. Die Schwester maß Hannahs Blutdruck, ihre Temperatur und bat mich dann, Hannah das Kleid auszuziehen.

»Nein, Mami, es ist zu kalt hier«, sagte Hannah. Ich drehte mich zur Schwester um, die nur die Achseln zuckte.

»Ich denke, sie kann es auch anlassen«, sagte sie.

Nach kaum einer Minute kam eine Reihe von Ärzten, Schwestern und Assistenzärzten herein. Sie stellten Fragen, machten sich Notizen, schlossen dann die Tür hinter sich und waren wieder verschwunden. Von meiner anfänglichen Erleichterung war nicht mehr viel übrig. Ich sehnte mich nach Claude. Als ich die Tür zum Flur öffnete, überraschte ich eine Gruppe Assistenzärzte und Schwestern dabei, wie sie verschwörerisch tuschelten. Ich blickte an ihnen vorbei, als ich Claude auf mich zueilen, ja beinahe rennen sah, während er suchend umherblickte und versuchte, die Nummern über den Türen zu entziffern. Er wirkte panisch und genauso verstört wie ich.

»Papi«, rief Hannah, als Claude den Raum betrat. Wir umarmten uns kurz. Ein vertrauenswürdig aussehender Assistenzarzt steckte den Kopf zur Tür herein.

»In zehn Minuten werden wir Hannah zum Röntgen hinunterbringen. Eine Schwester kommt sie abholen.«

»Mami, ich will, dass du mitkommst«, sagte Hannah.

»Aber klar doch, Fräulein«, entgegnete ich.

Der Arzt sah mich streng an. »Sie dürfen mit ihr hinunterkommen. Aber Sie dürfen den Röntgenraum nicht betreten, es sei denn, Sie können mit Sicherheit ausschließen, schwanger zu sein.«

Meine Stimme klang ganz fremd, als ich mich sagen hörte: »Ich weiß sicher, dass ich nicht schwanger bin.« Was sich noch vor wenigen Stunden wie der größte Verlust überhaupt angefühlt hatte, half mir nun, das zu tun, was ich mir mehr als alles andere auf der Welt wünschte: bei Hannah zu bleiben. Nur meine Sichtweise hatte sich verändert – das Baby in meinem Bauch war nach wie vor tot.

25

Licht ins Dunkel

Der Arzt betrat den Raum, schaltete den Leuchtkasten ein und klemmte das Röntgenbild daran fest. Ich verlagerte Hannahs Körpergewicht auf meine andere Hüfte und lehnte mich an Claude, um besser sehen zu können. Der Arzt benutzte seinen Füller, um auf einen großen, dunklen Schatten zu deuten, der hinter den hell erleuchteten Umrissen von Hannahs Rippen zu sehen war.

»Da ist es.«

Langsam fügten sich verschiedene Einzelheiten zu einem Bild zusammen. Schon vor drei Wochen hatten wir Hannah noch während unseres Urlaubs in Michigan in eine Notaufnahme gebracht. Sie hatte über Schmerzen im Liegen geklagt, im Schlaf gestöhnt und nachts leichtes Fieber bekommen. Der Dienst habende Arzt hatte uns gesagt, sie habe Grippe, und uns dann mit einer Schachtel Tabletten wieder weggeschickt. Als es ihr nach zwei Tagen immer noch nicht besser ging, brachten wir sie in ein anderes Krankenhaus. Die dortige Kinderärztin machte eine Röntgenaufnahme von Hannahs Brust, um eine Lungenentzündung auszuschließen und wollte dann Hannahs Unterleib untersuchen. Hannah schrie und weigerte sich, sich hinzulegen, das täte alles viel zu weh. Sichtlich entnervt gab die Ärztin auf. »Ihr fehlt rein gar nichts, sie simuliert nur«, sagte uns die Frau. »Das ist ganz typisch für eine Zweijährige, die nicht ins Bett will.«

»Wie können wir uns sicher sein, dass sie nicht doch irgendetwas Schlimmes hat?«, hatte ich zerstreut gefragt. Will und Hannah, denen die Warterei langweilig geworden war, hatten den Untersuchungsraum verlassen und spielten auf dem Flur kreischend Fangen.

Die Ärztin war über den Tumult sichtlich verärgert. »Sehen Sie sie doch an«, sagte sie. »Sie ist viel zu energiegeladen, um ernsthaft krank zu sein. Ein krankes Kind ist lustlos, apathisch und hat auch tagsüber Fieber, nicht nur in der Nacht. Es stellt sich bei einer Untersuchung auch nicht so an. Sie können ja einen Termin bei Ihrem Kinderarzt machen, wenn Sie wieder zu Hause sind; doch soweit ich das beurteilen kann, ist mit ihr alles in Ordnung.«

Die Worte der Ärztin verwirrten mich, die Situation war mir peinlich. Alles in mir begehrte auf, spürte, dass da irgendetwas nicht stimmte, aber vielleicht hatte die Ärztin ja doch Recht; vielleicht war ich ja wirklich nur die überforderte Mutter einer zickigen Tochter. Während Claude Will und Hannah einsammelte, packte ich schnell unsere Sachen zusammen. Als wir unsere ungezogenen Kinder an ihren eindeutig kranken Altersgenossen im Wartezimmer vorbeischoben, hatte ich ein richtig schlechtes Gewissen, die kostbare Zeit der Ärztin vergeudet zu haben.

Als ich jetzt auf den dunklen Schatten auf dem Röntgenbild starrte, fühlte ich mich wieder wie eine Versagerin. Die Ärztin in Michigan hatte nur zur Hälfte Recht gehabt: Ich war nicht die überforderte Mutter einer zickigen Tochter, sondern die überforderte Mutter einer schwerkranken Tochter. Warum hatte ich nicht auf meine innere Stimme gehört? Ärzte kennen sich mit Krankheitssymptomen aus, die häufig bei Kindern auftreten. Und ich kenne mich mit Hannah aus. Wir sind alle Fachleute, allerdings auf verschiedenen Gebieten. Ich hätte darauf beharren sollen, dass der Erklärungsversuch der Ärztin nicht zu Hannah und ihrem Verhalten passte. Hannah ist einfach nicht der Typ, der Spielchen spielt, um das zu bekommen, was er will. Sie fragt

27

ohne Umschweife danach, und fordert es, wenn nötig, vehement ein. Außerdem: Warum hatte sie dann im Schlaf gestöhnt und nachts Fieber bekommen? Selbst wenn diese Symptome ungewöhnlich waren, wiesen sie doch trotzdem auf etwas anderes hin als auf einen erpresserischen Charakter! Hatte ich denn so viel Angst davor gehabt, mich falsch zu verhalten, Angst, vor dem, was die anderen von mir denken könnten, dass ich meiner eigenen Tochter nicht glaubte?

Als der Arzt die Röntgenaufnahme vom Leuchtkasten nahm, hatte ich eines gelernt: Von nun an würde ich meinen Mund aufmachen müssen, bevor es für Hannah zu spät war. Bevor es für mich zu spät war.

Und noch etwas

Es war weit nach Mitternacht, aber weder dunkel noch ruhig. Das Neonlicht des Krankenhausflurs schien durch die halboffene Tür, ein Monitor piepte, die Infusion tröpfelte. Wenn ich nur still genug da lag, konnte ich beinahe spüren, wie die Schmerzmittel durch den Schlauch in die kleine Vene in Hannahs Hand strömten. Sie waren auch verantwortlich dafür, dass Hannah seit Wochen das erste Mal wieder friedlich schlief.

Obwohl meine Augen vor Müdigkeit brannten, wollte ich sie einfach nicht zumachen. Ich begann mich schon zu fragen, ob ich mich nicht in einem dieser Träume befand, in denen man glaubt, man sei wach, aber trotzdem schläft. Hannah, die neben mir lag und sich auf der Seite zusammengerollt hatte, bewegte sich im Schlaf. Ich setzte mich auf und betrachtete im Dämmerlicht ihr Gesicht. Sie war so blass. Ich fuhr ihr zärtlich mit einem Finger über die Wange und strich ihr zwei blonde Strähnen aus dem Gesicht. Während ich sie sorgfältig zudeckte, musste ich lächeln, als ich die neuen roten Schuhe an ihren Füßen bemerkte. Obwohl wir sie bereits vor zwei Tagen gekauft hatten, wollte Hannah sie immer noch nicht ausziehen. Als ich mich wieder hinlegte, hob Hannah einen Arm und ließ ihn schwer auf meine Brust fallen. Ich konnte mich nicht erinnern, je so einen Tag erlebt zu haben. Er schien überhaupt kein Ende nehmen zu wollen. Nachdem sieben Stunden voller Tests, Fragen und Untersuchungen hinter uns lagen, hatten die Ärzte der Notaufnahme Hannah schließlich auf der Kinderstation untergebracht. Zuerst hatten die Schwestern gesagt, ich könne nicht über Nacht bleiben, sie hätten kein freies Bett für mich. Doch als Claude und ich darauf beharrten, willigten sie ein, eine Ausnahme zu machen und ließen Hannah und mich in einem Doppelbett schlafen.

Bevor Claude gegangen war, hatte ich ihm aufgeschrieben, was Hannah und ich in den nächsten Tagen benötigen würden: Hannahs pinkfarbenes, geblümtes Nachthemd, das sie ihren »Kleidanzug« nannte, ein Paar Leggings und ein Sweatshirt für mich, Unterwäsche, Zahnbürste und Zahnpasta und Hannahs pinkfarbene Schmusedecke. Wenn man bedenkt, dass wir mitten in einer Krise steckten, dann hatten wir erstaunlich simple Bedürfnisse.

Später saß ich auf der Bettkante und wählte eine Reihe von Telefonnummern, die ich auswendig konnte. Als Erstes rief ich unsere Eltern an, meine und Claudes. Ich berichtete ihnen kurz von Hannah und der Fehlgeburt und bat sie, den Rest der Familie zu verständigen. Meine Mutter wollte so schnell wie möglich kommen und sich um Will kümmern. Dann rief ich alle an, die mir einfielen und denen ich für das nächste Jahr irgendetwas versprochen hatte: die Kirchengemeinde, den Nachhilfeverein, Wills Schule. Ich erzählte ihnen, dass Hannah krank sei, dass sie und meine Familie von nun an meine ganze Zeit und Energie in Anspruch nehmen würden und ich mich um nichts anderes mehr kümmern könne. Eine zentnerschwere Last fiel mir vom Herzen.

Mir wurde klar, dass mein Selbstwertgefühl über Jahre hinweg darauf beruht hatte, irgendwo gebraucht zu werden. Ich hatte mich wichtig und unersetzlich gemacht und mir vieles nicht nur aus reiner Hilfsbereitschaft aufbürden lassen, sondern auch, weil ich wollte, dass man zu mir aufsah, mich bewunderte und liebte. Ich hatte in der Illusion gelebt, in jedem Lebensbereich perfekt zu sein. Und ich war so damit beschäftigt gewesen, es stets allen recht zu machen, dass ich völlig aus den Augen verloren hatte, was mir tatsächlich wichtig war.

Jetzt, im Halbdunkel, sah ich meine Prioritäten deutlich vor mir; hier wurde ich gebraucht, hier wollte ich sein. Ich war mir meiner Sache so sicher, dass es mir zum ersten Mal seit langem völlig gleichgültig war, ob andere das auch so sahen.

Respekt

Ich zwang mich dazu, aus einem tiefen, traumlosen Schlaf zu erwachen. Mein Wecker piepte. Als ich die Hand nach der Schlummertaste ausstreckte, streifte mein Arm ein kaltes Metallgeländer. Ich riss die Augen weit auf. Das Piepen stammte nicht von meinem Wecker; es stammte von der Infusionspumpe.

Ich setzte mich langsam auf. Es kam mir so vor, als sei ich in irgendeinem Paralleluniversum gelandet, in einer anderen Wirklichkeit. Hannah schlief noch. Ich sah mich um. Wie spät es wohl war? Das Licht, das durch die geschlossenen Fensterläden fiel, war fahl wie am frühen Morgen, aber das Geklapper und Gemurmel auf dem Flur deutete darauf hin, dass es bereits später war, als ich vermutete.

Eine Krankenschwester betrat energisch den Raum, gefolgt von einer stämmigen jungen Frau in Blau, die ein Tablett trug. Während sich die Schwester an der Infusionspumpe zu schaffen machte, stellte die junge Frau das Tablett ab und lüftete den Deckel, um den Blick auf unser Frühstück freizugeben: farbloser Haferbrei, lauwarmes Rührei und kalter Toast.

»Am ersten Tag schmeckt es immer am schlimmsten«, sagte sie entschuldigend. »Da Sie gestern noch nicht hier waren und sich nichts aussuchen konnten, bekommen Sie heute nur das, was noch übrig war. Den Speiseplan für morgen finden Sie unter dem Teller. Kreuzen Sie an, was Sie möchten. Ich bin bald wieder da, um ihn einzusammeln.«

Sie warf einen flüchtigen Blick auf Hannah. »Wir dürfen nur ein Tablett pro Patient bringen, am besten, Sie kreuzen noch etwas zusätzlich an. Wir werden Ihnen so viel bringen, wie wir können.«

Sie wandte sich zum Gehen und zwängte sich durch eine Gruppe Weißkittel, die sich vor der Tür versammelt hatten. Drei von ihnen kamen herein. Alle hatten sie ein Stethoskop umhängen und ein Klemmbrett dabei. Während sie sich Hannahs Bett näherten, räusperten sich zwei von ihnen gleichzeitig und lachten dann unsicher. Die Schwester, die inzwischen mit der Infusionspumpe fertig war, nickte ihnen zu und verließ den Raum.

Ich beäugte die Ärzte misstrauisch. Wie ich schnell bemerkt hatte, traf man in diesem Krankenhaus nur selten zweimal auf dieselbe Person. Ganz abgesehen davon, dass es sehr frustrierend war, dass sie so gut wie alles über uns, wir dagegen so gut wie nichts über sie wussten. Hannah öffnete die Augen und setzte sich auf.

»Mami, wer sind die Leute?«, fragte sie und runzelte die Stirn.

Einer der Assistenzärzte ergriff das Wort. »Wir müssen sie untersuchen«, sagte er forsch. »Es dauert nur eine Minute.«

»Ich heiße Hannah«, sagte Hannah ruhig.

»Aber ja doch«, antwortete er, trat näher und griff nach seinem Stethoskop. Gleichzeitig kamen seine Kollegen näher, auch die vom Flur, und alle bildeten einen Halbkreis um das Bett.

»Stopp!«, schrie Hannah und streckte ihren Arm aus wie ein Verkehrspolizist. Der Arzt mit dem Stethoskop erstarrte. Hannah drehte sich zu mir um.

»Mami, sag den Leuten bitte, sie sollen weggehen. Das sind nicht meine Freunde; sie haben mir nicht mal gesagt, wie sie heißen!«

Ich schwieg. Die Ärzte sahen mich an. Ich wusste, dass sie erwarteten, dass ich Hannah sagen würde, sie solle schön brav sein und sie machen lassen. Mir fiel die Diagnose der Ärztin aus Michigan wieder ein: eine erpresserische, zickige Zweijährige. Mir wurde klar, dass diese Ärzte dasselbe denken konnten. Doch das war mir egal; wenn irgendjemand auf dieser Welt Respekt verdiente, dann Hannah. Ich fixierte den Kerl mit dem Stethoskop.

»Sie hat Recht«, sagte ich.

Der Arzt runzelte die Stirn und trommelte mit einem Finger geistesabwesend auf sein Klemmbrett. Alle seine Kollegen sahen ihn an.

»Ich muss dich untersuchen, Hannah«, sagte er schließlich. »Erlaubst du mir das, wenn ich dir verrate, wie ich heiße?«

Hannah kniff die Augen ein wenig zusammen und sah erst ihn, dann mich an.

»Okay«, sagte sie schließlich, »aber alle anderen sollen weggehen.«

Er nickte. Die anderen drehten sich um und verließen im Gänsemarsch das Zimmer. Als der Letzte den Raum verlassen hatte, hob der Arzt sein Stethoskop und beugte sich über Hannah. Sie hielt ihn zurück.

»Wie heißt du?«, fragte sie.

»Dr. Fiorelli«, sagte er und lächelte.

»Nein, dein *richtiger* Name«, sagte sie völlig erschöpft.

»Tony«, entgegnete er und grinste über beide Ohren.

»Ach so, Dr. Tony«, sagte sie und lehnte sich zurück in die Kissen. »Das ist aber ein schöner Name.«

Dr. Tony muss es herumerzählt haben. Denn von da an betraten nie mehr als drei oder vier Ärzte gleichzeitig Hannahs Zimmer, und jeder einzelne stellte sich vor – mit seinem *richtigen* Namen, versteht sich.

Das Markoffsche Gesetz

Dr. Markoff räusperte sich und rückte seine Brille zurecht. Er war Dr. Edmans Kollege, einer von Hannahs Kinderärzten. Er saß auf der Kante seines Stuhls, Claude und mir direkt gegenüber. Seine Schultern waren gebeugt, er wirkte verhärmt und abgespannt. Sein drahtiges Haar stand ihm wirr vom Kopf ab, zwei Tage alte Knitterfalten verunstalteten sein Hose, und an seinem Hemd fehlte ein Knopf. Doch all das schien er nicht zu bemerken, geschweige denn, dass es ihn störte.

»Ich spreche jetzt als Vater zu Ihnen und nicht als Kinderarzt«, hob er an und lehnte sich vor, sodass er seine Ellbogen auf seine Knie stützen konnte. Er räusperte sich erneut. Ich betrachtete ihn genauer. Er sah aus, als würde er gleich anfangen zu weinen.

Claude und ich tauschten Blicke.

»Bei meiner Tochter Danielle wurde letztes Jahr Leukämie festgestellt. Sie ist zwei Jahre alt. Meine Frau ist gerade mit ihr in der Mayo Klinik in Minnesota, wo sie eine Stammzellentransplantation erhält. Wir versuchen, ihr Leben zu retten.«

Im Nu wurde aus dem Treffen eines Elternpaars mit ihrem Arzt eine Begegnung zweier Väter und einer Mutter, die einem Verein angehörten, dem niemand beitreten wollte.

»Von nun an werden Sie Tausende von Entscheidungen fällen müssen, die Ihnen niemand abnehmen kann; einige davon werden darüber entscheiden, ob Hannah leben oder sterben wird. Der beste Rat, den ich Ihnen geben kann, lautet folgendermaßen.«

Er sah Claude und mich direkt an.

»Treffen Sie die zum jeweiligen Zeitpunkt bestmögliche Entscheidung.« Er lehnte sich zurück und fuhr sich mit den Fingern durchs Haar.

»›Zum jeweiligen Zeitpunkt‹, das ist der springende Punkt. Sie werden bald begreifen, was ich damit meine. Sie können sich völlig verrückt machen, indem Sie sich mit Vorwürfen überschütten. ›Hätten wir dieses und jenes doch bloß früher gewusst.‹ Aber Sie haben es eben nicht früher gewusst, und deshalb sollten Sie sich immer wieder sagen, dass Sie unter den gegebenen Umständen das Beste getan haben. ›Wir haben unter den gegebenen Umständen das Beste getan.‹«

Ich spürte, welch tiefe Wahrheit in seinen Worten lag. Als mir ihre Bedeutung langsam dämmerte, löste sich ein Knoten in mir. Ich erkannte, dass Dr. Markoffs Grundsatz nicht nur für Hannahs Behandlung galt, sondern auch für mein ganzes weiteres Leben. Meine Angst, Fehler zu machen, durfte mich nicht länger lähmen; von nun an zählte nur noch, dass ich unter den gegebenen Umständen das Beste tat.

Wahrheit: Eine ganz besondere Medizin

Will hatte sich auf meinen Schoß gekuschelt. Der Sessel, auf dem wir saßen, berührte Hannahs Bett. Sein blonder Mecki-Schopf kitzelte mich unterm Kinn. Er war von Geburt an groß und kräftig gewesen, doch was die Leute als Erstes an ihm bemerkten, das, woran sie sich erinnerten, waren seine sanften grauen Augen.

Hannah beobachtete uns vom Bett aus, einen Stapel Kissen im Rücken. Ein Plastikschlauch führte von ihrem Arm zu dem Gestell, an dem die Infusion hing. Die pinkfarbene Decke lag über ihren Beinen, und sie trug eine Spielzeugkrone und ihren pinkfarbenen, geblümten »Kleidanzug«.

Ich räusperte mich. Die Last, die auf meiner Brust lag, drohte mich zu ersticken.

»Hannah, die Ärzte haben herausgefunden, warum du dich so schlecht fühlst. Du hast ein Geschwür im Bauch, das nennt man Tumor. So ein Tumor kann entstehen, wenn ein paar Körperzellen falsch wachsen und Sachen machen, die sie eigentlich gar nicht sollten. Die Ärzte werden ihn rausnehmen und dir dann Medizin geben, damit die bösen Zellen nicht wieder zurückkommen.«

»Tut das weh?«, fragte Hannah, runzelte die Stirn und schob schmollend die Unterlippe vor. Ich schwieg. In der Vergangenheit hatte ich Schwierigkeiten immer schönzureden versucht, hatte mich bemüht, die positiven Seiten hervorzukehren, und gehofft, dass, wenn ich die Wahrheit nur lange genug verdrängte, sich alles in Wohlgefallen auflösen würde. Diesmal wollte ich jedoch, dass mir Will und Hannah absolut vertrauten. Ich konnte sie jetzt nicht anlügen.

»Ja, Hannah, wahrscheinlich schon, aber die Ärzte und Schwestern werden alles tun, was in ihrer Macht steht, damit du so wenig Schmerzen hast wie möglich. Sie werden dir eine ganz besondere Medizin geben, damit du schläfst, wenn sie dir den Tumor rausnehmen, und andere Medikamente, die dafür sorgen, dass sich dein Körper danach ausruhen kann.«

»Ich will nicht schlafen. Ich bin nicht müde!!«, protestierte Hannah.

»Du musst ja noch gar nicht schlafen«, sagte Will sanft, »nur, wenn sie das Geschwür rausmachen. Stimmt's, Mami?« Er drehte sich fragend zu mir um.

Ich lächelte und nickte.

»Ach so. Das ist gut.« Hannah seufzte erleichtert.

»Mami.« Will sah mich immer noch an, seine Augen füllten sich mit Tränen. »Ein Tumor, ist das dasselbe wie Krebs?«

»Das wissen wir noch nicht, Will«, sagte ich und begann zu weinen. »Das wissen die Ärzte erst, wenn sie ihn entfernt und die Zellen unter einem Mikroskop untersucht haben.«

Hannah beobachtete uns schweigend.

»Wenn es schlimm ist, dann sagst du uns Bescheid, stimmt's, Mami?«, fragte Will.

Hannah richtete sich auf und sah mich an, ohne ein einziges Mal zu blinzeln. Ich holte tief Luft. Ich wünschte, Claude wäre da, aber er hatte mir gesagt, dass er nicht wisse, was er sagen solle. Ich schätzte seine Ehrlichkeit und mir war auch klar, dass wir einen Punkt erreicht hatten, an dem wir respektieren mussten, wie verschieden wir waren. Wir waren wie zwei Schiffbrüchige, die in einem Ein-Mann-Rettungsboot saßen – ein Spielball der Wellen.

Will und Hannah warteten immer noch auf eine Antwort.

»Ja, Will«, sagte ich. »Auch wenn es schlimm ist, werde ich euch die Wahrheit sagen.«

Hannah lächelte und ließ sich in die Kissen zurücksinken.

»Danke, Mami«, sagte Will und schlang seine Arme um meinen Hals.

»Mami, ich hab dich lieb«, sagte Hannah.

»Ich habe euch beide lieb«, sagte ich – mehr brachte ich nicht heraus.

Liebe in der Dunkelheit

Unsere Welt war auf die Maße eines Krankenhausflurs ge-
schrumpft, aber das machte mir nichts aus. Mein Verstand
war damit beschäftigt, nicht länger benötigte Informationen, wie den Preis für eine Packung Windeln, durch neue,
wie die richtige Dosis bestimmter Medikamente, zu erset-
zen. Sehr viel mehr konnte er auch nicht aufnehmen.

Hannah war unruhig. Wir beschlossen deshalb, uns ein
wenig die Beine zu vertreten und unsere neue Umgebung zu
erkunden. Als sie ihre Beine über die Bettkante schwang,
sprang ich auf, um ihren Fuß von dem Infusionsschlauch
zu befreien, bevor er den Boden erreichte.

»Immer schön langsam, mein Fräulein«, sagte ich, beugte
mich vor und stöpselte die Infusionspumpe aus. Das Gerät
begann zu piepen. Ich drückte den »Aus«-Knopf und wi-
ckelte das Stromkabel um das Gestell.

»Beeil dich, Mami«, rief Hannah und hüpfte von einem
Bein aufs andere. »Ich kann hören, wie die kleine Shondra
weint. Ich glaub, sie vermisst ihre Mami.«

Ich rollte das Infusionsgestell von der Wand weg und gab
Acht, dass sich der Schlauch nicht irgendwo verhedderte.

»Okay, wir können gehen«, sagte ich.

Hannahs Hand griff nach meiner, während sie mit der
anderen wie eine Prinzessin den Saum ihres Nachthemds
hob, damit dieser nicht über den Boden schleifte. Wir gingen langsam, während ich das Gestell durch den Krankenhausflur manövrierte, und nahmen unsere übliche Route.
Wir gingen nach rechts, vorbei an der Arzneimittelkammer
und dem Besprechungsraum, und blieben vor der offenen

Tür der Kinderintensivstation stehen. Noch war diese leer, aber nicht mehr lange.

»Schau mal, Hannah, hier wirst du morgen nach deiner Operation aufwachen.«

Hannah lief ein paar Schritte weit ins Zimmer, ich hinterher. Beatmungsmaschinen, Monitore, Atemschläuche und Wagen voller Medikamente waren hier aufgereiht. Alles in diesem Raum roch nach Notfall. Ich hatte Mühe, mir Hannah hier vorzustellen. Aber ich zwang mich dazu.

»Du wirst in einem dieser Betten liegen, und ich werde neben dir in dem großen blauen Sessel schlafen. Ein paar Schläuche werden an deinem Körper befestigt sein, damit du besser atmen kannst, andere werden dafür sorgen, dass du gut schläfst. Du wirst lautes Piepen und andere merkwürdige Geräusche hören. Eine Schwester wird bei uns sein und auf dich aufpassen.«

»Ich will Schwester Katie oder Schwester Amy«, sagte Hannah, »und ich will meine roten Schuhe bei der Operation anhaben. Vergiss nicht, das den Ärzten zu sagen.«

»Ich werd's ihnen sagen, Hannah, aber ich bin mir nicht sicher, ob das geht.«

»Das ist einfach nicht fair«, schrie sie und stampfte mit dem Fuß auf den Linoleumboden. »Alles mögliche ist verboten, nur wegen der Operation. Ich darf kein Abendbrot essen. Ich darf meinen Kleidanzug nicht anziehen. Ich darf meine roten Schuhe nicht anziehen. Das ist einfach nicht fair«, wiederholte sie.

»Ich versteh dich sehr gut, Hannah. Das sind ganz schön viele Verbote. Ich werd mit ihnen reden, mal sehen, was sich machen lässt.«

Wir setzten unseren Spaziergang fort; liefen am Spielzimmer vorbei, bogen dann um die Ecke und machten kurz Halt, um uns einen Band in der Bücherei auszuleihen. Dann ging es wieder um die Ecke. Hier war es am turbulentesten: ein Zimmer nach dem anderen mit kranken Kindern und ihren Familien. Einige Eltern sahen auf, als wir vorbei liefen, und blickten uns erschöpft, benommen oder mitfühlend an. Jedes Zimmer erzählte seine eigene Geschichte. Ich versuchte gar nicht herauszufinden, wer wohl wegen was hier war. Unsere eigene Geschichte nahm mich vollkommen in Anspruch. Hannah beschleunigte ihre Schritte. Ich sah zu, dass ich hinterher kam, das scheppernde Infusionsgestell im Schlepptau. Die Schwestern begrüßten Hannah freudig, kaum dass sie sie entdeckt hatten.

»Die kleine Shondra hat dich schon vermisst«, rief Schwester Patty, die hinterm Schreibtisch saß.

Vor dem Schwesternzimmer lag ein winziges Baby in einem Körbchen. Sein Weinen war bei all der Geschäftigkeit rundherum kaum zu vernehmen. Shondra war zwei Monate alt, hatte durchscheinende blaue Augen, dunkle Löckchen und einen Mund wie eine Rosenknospe. Man hatte einen schweren Hirnschaden bei ihr festgestellt; das Mädchen würde niemals sehen oder hören können.

Ihre Eltern hatten den Schwestern erklärt, dass sie sich außerstande sähen, für so ein Kind zu sorgen.

Das Krankenhaus hatte die entsprechenden Unterlagen zusammengestellt, aber bis ein Pflegeplatz gefunden war, schlief das Baby im Krankenhausflur. Säuglingsschwestern fütterten und schaukelten es, wechselten seine Windeln und nahmen es auf den Arm, sooft sie konnten. Wenn sie nicht gerade schlief, weinte Shondra fast immer.

»Ist ja gut, kleine Shondra, ist ja gut«, flüsterte Hannah und beugte sich über das Körbchen, dem verzerrten, brüllenden Babygesicht entgegen. »Deine Mami kommt bald wieder. Und weißt du was?«, fügte sie fröhlich hinzu, »Ich hab dir auch was zum Lesen mitgebracht.«

Shondras Gebrüll ging in ein Wimmern über. Hannah streichelte Shondras Wangen und schob einen Finger in die winzige geballte Faust. Shondra hörte auf zu weinen. Die Schwestern sahen weg, als ich Shondra aus ihrem Körbchen hob. Ich wusste, dass ich das eigentlich nicht durfte, aber in Wirklichkeit waren sie für jede Hilfe dankbar. Als ich das Baby an meine Brust drückte, fragte ich mich, ob ihre Eltern vom Leben wohl genauso enttäuscht waren wie ich. Sollten denn furchtbare Dinge nicht eigentlich nur furchtbaren Menschen zustoßen? Was hatte ich, was hatten diese kleinen Mädchen nur getan, um ein solches Schicksal zu verdienen?

Hannah saß bereits auf dem Boden, den Rücken an die Wand gelehnt, und wartete. Ich setzte mich vorsichtig neben sie und legte Shondra uns beiden auf den Schoß. Hannah nahm ihr Buch aus der Bücherei in die Hand und schlug die erste Seite auf.

»Es war einmal eine Prinzessin«, hob sie an und begann ihre Lieblingsgeschichte zu erzählen, während sie so tat, als läse sie.

Dann drehte sie das Buch um und hielt es so, dass die aufgeschlagenen Seiten nur wenige Zentimeter von Shondras Gesicht entfernt waren

»Da schau mal, Shondra, siehst du? Eine wunderschöne Prinzessin ist das, genau wie du und ich.«

Sie drehte sich zu mir und lächelte mich an. Ich küsste sie auf den Scheitel.

»Ich liebe dich, mein Fräulein«, flüsterte ich.

»Ich weiß, Mami, ich weiß«, flüsterte sie zurück.

Als ich so auf dem Boden saß und hörte, wie Hannah auf die taube Shondra einredete, erkannte ich, dass auch ich zu tauben Ohren gesprochen hatte. Die Wahrheit nahm keine Rücksicht auf meine Erwartungen an das Leben, darauf, wie die Dinge gefälligst zu sein hatten. Wie vor ein paar Tagen, als meine Fehlgeburt es mir ermöglicht hatte, Hannah zur Röntgenaufnahme zu begleiten, war es meine Erwartungshaltung, meine Interpretation der Geschichte, die darüber entschied, was mir besser oder schlechter, gut oder böse, gerecht oder ungerecht erschien.

Und während ich Shondra, die nun auf Hannahs Schoß schlief, betrachtete, fiel mir noch etwas anderes auf. Hannahs Gefühl, dass jedes kleine Mädchen wertvoll war und ein Recht auf Liebe hatte, war kein Fantasiegespinst, sondern eine unumstößliche Wahrheit. Liebe ist größer als ein Tumor oder Blindheit, und dieses Gefühl kannte Hannah, sie vertraute ihm.

Raum für die Wahrheit

Im Vorraum des Operationssaals herrschte große Geschäftigkeit. Wichtig aussehende Menschen in weißen Kitteln wuselten um uns herum. Die großen Metalltüren des Operationssaals schwangen auf und zu, und der Anästhesist kam herein.

Hannahs Körper lag schlaff auf meinem Schoß. Ihre Augen waren offen, rollten aber träge in ihren Höhlen hin und her. Sie war in ihre pinkfarbene Decke gehüllt und bis auf ihre roten Schuhe völlig nackt. Eine Stunde zuvor hatte sie sich geweigert, ein Operationshemd anzuziehen.

»Das gefällt mir nicht, außerdem passt es nicht zu meinen Schuhen«, hatte sie gesagt.

»Wie geht es ihr?«, fragte der Anästhesist und legte seine Finger um Hannahs Handgelenk, um ihren Puls zu fühlen.

»Meine Schuhe«, sagte Hannah mit schwacher Stimme.

»Hannah hat Angst, dass Sie ihr die Schuhe ausziehen«, erklärte Claude. »Sie hat sich mit dem Chirurgen darauf geeinigt, dass sie sie im Operationssaal tragen darf.«

»Oh, davon habe ich schon gehört«, sagte der Anästhesist. »Du musst eine ganz besondere Patientin sein, Hannah. Dr. Saad hat uns extra aufgetragen, dir deine roten Schuhe anzulassen. Ich werde das nicht vergessen.«

Hannah nickte und schloss die Augen. Der Doktor gab ihr über die Infusion ein weiteres Betäubungsmittel. Hannahs Kopf fiel schwer gegen meine Brust. Ich hielt die Luft an, solange ich konnte. Hannah bewegte sich nicht. Die Türen zum Operationssaal schwangen erneut auf, und zwei Schwestern schoben einen langen Rollwagen, der mit einem weißen Laken bedeckt war, ins Zimmer. Eine von ihnen beugte sich vor, nahm Hannahs Körper in ihre Arme und hob ihn von meinem Schoß. Nachdem sie Hannah in die Mitte des weißen Lakens gelegt hatte, bedeckte sie ihren Unterkörper mit einer Krankenhausdecke.

Ich sah Hannah forschend an, wollte wissen, ob sie merkte, dass man sie von mir wegholte. Sie rührte sich nicht. Inmitten dieser riesigen weißen Fläche wirkte sie winzig klein und sehr verloren. Ich kämpfte gegen die Angst an, sie sei vielleicht schon tot. Das war das erste Mal seit fünf Tagen, dass sie weiter als eine Armeslänge von mir entfernt war. Ich schluchzte auf. Claude hielt mich fest, als die Schwestern den Rollwagen mit Hannah in den Operationssaal schoben. Die Türen schwangen auf, um Hannah und ihre Begleiter durchzulassen, und schlossen sich dann wieder. Claude und ich rührten uns nicht von der Stelle, unfähig zu begreifen, was da gerade vor sich ging. Eine Minute später schwangen die Türen wieder auf und eine der Schwestern kam herein. Sie reichte mir einen durchsichtigen Plastikbeutel, in dem sich Hannahs Schuhe befanden.

»Sie war vollkommen weggetreten, bevor wir sie ihr ausgezogen haben«, sagte sie. »Achten Sie darauf, dass die zuständige Schwester sie nachher bekommt, damit wir sie ihr wieder anziehen können, bevor sie aufwacht.«

Sie lächelte mir voller Mitgefühl zu.

»Sie befindet sich in guten Händen. Alles wird gut gehen«, sagte sie sanft, bevor sie wegging.

Claude und ich wurden in einen nur durch Vorhänge abgeteilten Wartebereich für die Familienangehörigen gebracht. Hier war gerade genügend Platz für zwei Stühle und die Wahrheit.

Während der ersten Stunde lagen wir uns nur in den Armen und schluchzten hemmungslos. Als keine Tränen mehr kamen, begannen wir zu reden. Seit Jahren liebte ich Claude so innig und unvollkommen, wie ich nur konnte. Seit ich ihn das erste Mal gesehen hatte, wurde ich von ihm so magisch angezogen wie ein kleiner Junge von der Flamme einer Kerze. Im Vergleich zu den anderen jungen Männern, die ich kannte, hatte er überraschend besonnen und reif gewirkt. Er meinte es ernst, engagierte sich sehr in seinem Beruf und sah gut aus. Manchmal schien er tief verletzt zu sein und konnte dann erstaunlich wütend werden. Aber ich war genauso. Unsere gegenseitigen Verletzungen und gemeinsamen Hoffnungen schweißten uns nur noch mehr zusammen. Wir heirateten, als ich noch aufs College ging; er war fünfundzwanzig und ich zwanzig.

Während wir uns so aneinander klammerten und auf Nachricht vom Chirurgen warteten, hatten Claude und ich eines klar vor Augen: Unsere Kinder waren uns wichtiger als alles andere auf der Welt. Sie waren der Grund, warum wir zusammen waren, und wir wünschten uns weitere. Diese Erkenntnis schien über alle Ängste und Zweifel erhaben zu sein.

»Lass uns so bald wie möglich wieder ein Kind machen«, sagte Claude. Ich verbarg mein Gesicht an seiner Schulter und nickte.

Ein Senfkorn

Laurajane, die neue Pastorin unserer kleinen Methodistengemeinde, stand mir an Hannahs Bett gegenüber. Ich kannte keine Pastorin, die so aussah. Sie war einunddreißig und somit genauso alt wie ich, hatte eine untersetzte, gedrungene Figur und einen roten Lockenschopf, der sich einfach nicht bändigen ließ. Sie trug ein langes grünes Samtkleid und ein goldenes Kreuz an einer Halskette. In der Hand hielt sie ein zerknülltes Taschentuch, denn ihre Augen hörten einfach nicht auf, sich mit Tränen zu füllen.

Vor zwei Tagen hatten die Chirurgen einen Tumor von der Größe eines kleinen Fußballs aus Hannahs Unterleib entfernt. Jetzt lag sie auf dem Bett, angeschlossen an eine Beatmungsmaschine und vollgepumpt mit Betäubungsmitteln. Plastikschläuche und die Spitzen ihrer roten Schuhe sahen unter der pinkfarbenen Decke hervor. Monitore mit Zickzackkurven hingen über ihrem Bett. Die einzigen Geräusche im Raum waren ein gelegentliches Piepen und das regelmäßige Schnaufen der Beatmungsmaschine.

Laurajane neigte den Kopf und begann zu beten. Ich schloss die Augen und versuchte mich zu beruhigen. Mein Gehirn spielte völlig verrückt. Während ich in der einen Minute völlig gefasst war und das Schnaufen, Klacken und Piepen der verschiedenen Geräte überwachte, die mir inzwischen keine Angst mehr einjagten, wusste ich im nächsten Moment schon nicht mehr, wann ich zuletzt etwas gegessen hatte.

Ich brauchte dringend jemanden, der sich um mich kümmerte. Seit Hannahs Operation hatte ich nie mehr als ein paar Stunden am Stück geschlafen, und gestern hatte mein Körper unser winziges totes Baby ausgestoßen. Ich wusste, dass ich mich nicht ausschließlich auf Claude verlassen durfte. Nachdem er fünf Tage lang versucht hatte, Arbeit, Einkäufe, Telefonate und Krankenhausbesuche unter einen Hut zu bringen und Will zwischen dem Krankenhaus, Spielverabredungen und unserem Zuhause hin- und herzukutschieren, war er genauso erschöpft wie ich.

Zumindest stand uns jetzt meine Mutter zur Seite. Sie und Will waren in das Ronald-McDonald-House gegenüber vom Krankenhaus gezogen – eine tolle Einrichtung mit jeder Menge Spielzeug und vielen Aktivitäten, die Will ablenken sollten. Claude schlief weiterhin zu Hause. Und das war wahrscheinlich auch besser so, denn er und meine Mutter waren in all den Jahren mehr schlecht als recht miteinander ausgekommen. Was ich in der jetzigen Situation auf keinen Fall wollte, war, wieder einmal den Schiedsrichter zu spielen.

Einer der Monitore begann zu piepen. Ich bemerkte, dass ich in Gedanken versunken gewesen war. Als das Piepen aufhörte, versuchte ich mich wieder auf Laurajanes Worte zu konzentrieren – zu spät.

»Amen«, sagte sie.

Ich öffnete die Augen. Tränen strömten über Laurajanes Wangen und ihr Kinn. Sie sah mich an, als wolle sie etwas sagen; doch ich kannte sie noch nicht gut genug, um erraten zu können, was. Seit Tagen hatten mir die Leute immer wieder gut zugeredet und gesagt, »Gott bürdet uns nur das auf, was wir auch tragen können.« Ich hoffte, Laurajane würde mir nicht das Gleiche sagen. Ich wusste sehr wohl, dass diese Worte als Trost gemeint waren, aber es fiel mir schwer, das, was Hannah und meiner Familie wiederfuhr, als gottgegeben hinzunehmen. Außerdem hatte ich das

49

dumpfe Gefühl, dass sich die Leute damit eher selbst trösteten. Nach dem Motto, ihnen würde Gott eine solche Last sicherlich niemals aufbürden, weil *sie* nicht in der Lage wären, sie zu tragen.

»*Aber ich habe doch keine Wahl!*«, hätte ich sie am liebsten angeschrien. Ich konnte mich nicht gegen den Schmerz und die Angst abschirmen. Mich diesen Gefühlen zu entziehen, hieße, mich Hannah zu entziehen. Egal, was noch Schlimmes passieren würde: Das würde ich niemals zulassen.

Laurajane räusperte sich und griff nach einem weiteren Taschentuch.

»Tut mir Leid«, sagte sie leise und hielt kurz inne, um sich die Nase zu putzen, »aber ich kann dich einfach nicht anlügen. Ich wünschte, all das würde irgendeinen Sinn ergeben, aber so sehr ich mich auch bemühe, ich sehe ihn nicht. Ich bin Pastorin geworden, weil ich Gott liebe und an ihn glaube und anderen Leuten helfen will. Aber jetzt, wo ich sehe, was du durchmachen musst, weiß ich gar nicht mehr, ob ich diesen Beruf überhaupt noch ausüben kann. Das hier hat mit Ihm, wie ich ihn kenne, nichts zu tun; ich kann mir einfach nicht vorstellen, dass der Gott, den ich liebe, ein Kind derart leiden lässt.«

Ich wusste nicht, ob ich sie küssen oder vor ihr auf die Knie fallen sollte. Laurajanes Bescheidenheit und ihre Bereitschaft, die Ungerechtigkeit und den Wahnsinn dieser Situation offen anzusprechen, verschaffte mir unglaubliche Erleichterung. Ich erkannte, dass ich jetzt niemanden brauchte, der wollte, dass es mir besser ging; am allernötigsten hatte ich Menschen wie Laurajane, die bereit waren, der Wahrheit gemeinsam mit mir ins Auge zu sehen.

Totenstille

Claude und ich saßen auf ausgeblichenen Plastikstühlen in einer alten Arzneimittelkammer, die vorgab, ein Besprechungsraum zu sein. Dr. Kamalaker und sein Kollege Dr. Bekele wühlten sich durch die Akten- und Papierberge auf dem Tisch vor ihnen. Sie waren auf Onkologie spezialisierte Kinderärzte, die für die krankenhauseigene Kinderklinik arbeiteten und jetzt offiziell für Hannahs Fall zuständig waren. Jill, die Sozialarbeiterin der Klinik, und eine Schwester saßen auf der anderen Seite des Tischs und bemühten sich vergeblich, einen entspannten Eindruck zu machen. Claude und ich hielten Händchen und saßen so dicht nebeneinander, dass sich unsere Stuhlbeine übereinander schoben.

Dr. Kamalaker griff nach einem eng bedruckten Blatt, das zu oberst auf dem Stapel vor ihm lag.

»Wir haben den Laborbericht aus Kalifornien«, sagte er leise, hob den Kopf und sah erst Claude und dann mich an.

Ich war völlig ruhig. Ich wusste, dass die Wahrheit, die man uns jetzt eröffnete, eine völlig neue Qualität haben würde.

Claude drückte meine Hand und lehnte sich so weit zu mir her, dass er schon beinahe auf meinem Stuhl saß. Die Schwester rutschte auf ihrem Stuhl hin und her. Jill schlug die Beine übereinander.

Da geschah etwas. Ich konnte spüren, wie mein Körpergewicht mein Steißbein in die Sitzfläche drückte. Ich fühlte, meinen Atem ein- und ausströmen, aber meine Wahrnehmung ging weit über meinen Körper und meine Gedanken hinaus. Obwohl ich Dr. Kamalaker keine Sekunde lang aus den Augen ließ, hatte ich das Gefühl, den ganzen Raum, Hannah in ihrem Zimmer am anderen Ende des Flurs und das ganze Krankenhausgebäude auf einmal sehen zu können. Schließlich tauchten alle, die ich liebte, ja auch alles andere vor meinem inneren Auge auf, das ganze Universum.

»Leider habe ich keine sehr guten Nachrichten. Der Tumor ist ein Krebsgeschwür, genauer gesagt ein rhabdoider Nierentumor, eine bösartige, sehr seltene Variante. Trotzdem besteht die 20-prozentige Chance, dass er sich zurückbildet. Wir haben mit einem Krankenhaus in Washington State Kontakt aufgenommen, das ein kleines Mädchen behandelt, bei dem vor fünfzehn Monaten das Gleiche diagnostiziert wurde. Das sind gute Nachrichten, denn normalerweise sterben die meisten Patienten innerhalb eines Jahres daran.«

Er schwieg. Im Raum herrschte Totenstille. Irgendjemand verrückte seinen Stuhl. Ein anderer räusperte sich. Vier Augenpaare waren auf uns gerichtet. Während die Stille immer unerträglicher wurde, wandte die Schwester ihren Blick höflich ab. Claude starrte vor sich hin und sagte kein Wort.

Doch so still es in dem Raum auch war, in mir war es noch viel stiller; mein Herz hatte die Diagnose, die Prognose, die Behandlung weit hinter sich gelassen. *Ich wusste, dass Hannah sterben würde, und ich hatte keine Angst.*

Ich weiß nicht, wohin meine Angst verschwunden war. Alles, was ich wusste, war, dass Hannahs Tod bereits feststand, und dass ich der Wahrheit ins Gesicht sehen und aus der uns verbleibenden Zeit das Beste machen musste. Und ich wusste auch, dass ich sie, wenn es denn soweit war, nach Hause holen wollte, um sie dort zärtlich zu verabschieden.

Ich öffnete den Mund und machte meinem Herzen Luft, indem ich folgende Frage stellte:

»Dr. Kamalaker, wenn eindeutig feststeht, dass Hannah nicht mehr kann, wenn sie bereit ist zu sterben, werden Sie ihr dann dabei helfen?«

Claude drehte sich zu mir um und starrte mich an. Alle Köpfe im Raum fuhren herum. Dr. Kamalaker betrachtete mich nachdenklich, ohne zu antworten.

Dr. Bekele ergriff das Wort. »Sie haben ja gehört, dass noch die Chance besteht, dass sich Hannahs Tumor zurückbildet. Wir werden alles tun, was in unserer Macht steht, um ihr zu helfen.« Jill und die Schwestern nickten eindringlich.

Ich wusste, dass sie meine Frage höchstwahrscheinlich verstört hatte; bis zu einem gewissen Grad galt das auch für mich. Selbst wenn ich in meinem tiefsten Inneren wusste, dass Hannah sterben würde, verstieße es dann nicht gegen die Abmachung, das auch laut auszusprechen? Ich fand, nein. Ich hatte die Hoffnung, Hannah könnte geheilt werden, noch nicht aufgegeben. Ich hatte nur erkannt, was für jeden von uns gilt: Irgendwann einmal müssen wir alle sterben, ob wir nun darauf vorbereitet sind oder nicht. Zu wissen, dass Hannah sterben würde, konnte ihren Tod weder *herbeiführen* noch *verhindern*. Die Wahrheit war nichts als die Wahrheit, egal, was geschehen würde. Alles, was ich tun konnte, war zu überlegen, was ich damit anfangen sollte.

Dr. Kamalaker und ich sahen uns noch immer an. Sein Blick war weich und voller Mitgefühl. Er schien direkt auf den Grund meiner Seele zu blicken.

»Ich bin nicht bereit, dieser Krankheit kampflos das Feld zu überlassen«, sagte er schließlich. »Ich werde alles tun, was ich kann, um den Krebs zu vernichten. Sollten wir damit keinen Erfolg haben, bin ich bereit, Ihrem Wunsch nachzukommen.«

Wellen der Erleichterung schlugen über mir zusammen;

es war mir nicht nur gelungen, meiner größten Angst Luft zu machen, nein, ich hatte auch jemanden gefunden, der bereit war, der Wahrheit gemeinsam mit mir ins Auge zu sehen. Wenn Hannah denn sterben sollte, soviel wusste ich jetzt, würde man mich nicht damit allein lassen.

Unverwüstlichkeit

Die Ärzte hatten die Betäubungsmittel nach und nach niedriger dosiert und Hannah dann von der Beatmungsmaschine genommen. Nach all dem, was sie durchgemacht hatte, konnte ich kaum glauben, wie gut sie aussah. Obwohl sie stark abgenommen hatte, ihre Stimme heiser und ihre Haut dort, wo man mit Klebeband den Atemschlauch befestigt hatte, rau war, hatte Hannah den ganzen Tag über mit Will gelacht, geschwatzt, an ihrem Saft genippt und sich ein Video angesehen. Ich hatte ihr in einer Plastikschüssel und mit einem Pröbchen Babyshampoo, das eine der Schwestern für mich aufgetrieben hatte, sogar die Haare waschen dürfen. Hannah hatte darauf bestanden, sie mit einem riesigen Haarreif in Pink aus dem Gesicht zu halten.

Das erste Mal seit einer Woche nahm sie nun wieder feste Nahrung zu sich.

»Abendbrot!«, verkündete die Schwester beschwingt und hob den Deckel von dem Tablett, um den Blick auf einen Teller mit Kartoffelbrei, ein Schälchen mit Götterspeise und eine Schüssel Hühnerbrühe freizugeben.

Hannah runzelte die Stirn. Sie war nicht besonders beeindruckt. Sie stocherte im Kartoffelbrei herum, um dann beide Arme vor der Brust zu verschränken.

»Kommt gar nicht in Frage, José. So was esse ich nicht. Ich will Pizza«, sagte sie. Die Schwester lächelte.

»Hannah, die Ärzte haben dir ein Essen verschrieben, das deinem Hals und deinem Bauch gut bekommt. Morgen darfst du vielleicht Pizza essen.«

Hannah starrte ungefähr zehn Sekunden lang vor sich hin.

Die Schwester rührte sich nicht.

»Hol Dr. Tony«, sagte Hannah.

Als Dr. Tony hereinkam, erklärte ihm die Schwester die Situation. Wie schon beim ersten Mal, als Hannah seine Routine durchkreuzt hatte, trommelte Dr. Tony mit einem Finger auf sein Klemmbrett. Er sah sie an und sie hielt seinem Blick stand.

»Nun«, sagte er schließlich, »ich bin Italiener und deshalb kann ich gut verstehen, warum Hannah so viel Lust auf Pizza hat. Wenn ich lange nichts gegessen hätte, dann würde ich auch Pizza wollen.«

Zwanzig Minuten später kam ein zweites Tablett aus der Küche. Die Schwester stellte es auf dem Nachttisch ab. Dr. Tony steckte den Kopf zur Tür herein und zwinkerte mir zu. Er grinste bis über beide Ohren.

»Ta-ta!«, sagte Hannah und hob den Deckel. Ihr entfuhr ein Schrei, und jetzt verstand ich auch, warum Dr. Tony so grinste: Auf dem Tablett lagen zwei Stück Pizza, daneben stand eine Schüssel mit Schokoladeneis.

Zuhause

Genau zwei Wochen, nachdem ich Hannah quer über den Parkplatz in die Notaufnahme getragen hatte, durften wir sie wieder mit nach Hause nehmen. Es war ein wunderschöner Sommerabend Ende August, als wir in unsere Einfahrt bogen. Während Will und Hannah vergnügt in die Hände klatschten und johlten, wäre ich am liebsten wieder umgekehrt und hätte das Weite gesucht. Im Krankenhaus, so schien mir, war ich mit Hannahs Krebserkrankung, ja mit meinem Leben überhaupt, besser zurechtgekommen. Ich sah die Erleichterung auf Claudes Gesicht, als er das Gepäck aus dem Kofferraum hob und hatte Angst, er könne sich einbilden, alles sei wieder so wie vorher. Nur, dass ich keine Ahnung mehr hatte, wie es »vorher« gewesen war.

Als ich durch die Haustür trat, stellte ich fest, dass sogar der Geruch ein anderer war. Ich lief von einem Zimmer ins nächste und betrachtete mein Leben mit anderen Augen. Ich fragte mich, was wohl aus der Frau geworden war, die einmal hier gelebt hatte; es fiel mir schwer zu glauben, dass ich das gewesen war. Ich erkannte, dass mein früherer Alltag – Freitag früh Müttergruppe, die Kinder zu diversen Verabredungen begleiten und am Sonntag in die Kirche gehen – wunderbar in das Leben einer anderen passen mochte, aber nicht mehr zu mir. Ich hatte keine Ahnung, wie mein Leben jetzt aussehen würde, aber eines wusste ich mit Sicherheit: so nicht.

Auch Hannah wirkte zögerlich. Sie betrat langsam das Haus, ging die Treppe hoch und blieb auf der Schwelle zu ihrem Zimmer stehen. Will stürmte hinter ihr her, die Arme voller Puppen, Bücher und Stofftiere, die uns Freunde und Verwandte ins Krankenhaus geschickt hatten.

Während Claude das restliche Gepäck aus dem Auto holte, begann ich ein Regal in der Waschküche frei zu räumen, um Platz für all die Schachteln mit Verbandszeug, Desinfektionsmitteln, Salzlösungen, Heparin, Spritzen und Kapseln zu machen sowie für einen großen roten Behälter, auf dem stand »Vorsicht giftig – Arzneimittelabfall«. Gerade hatte sich noch eine ganze Station mit Ärzten, Schwestern und Assistenzärzten um Hannah gekümmert, jetzt gab es nur noch die Waschküche und mich.

Perlendes Gelächter drang aus dem Kinderzimmer. Als ich einen Blick hineinwarf, sah ich, dass der gesamte Inhalt von Hannahs Koffer über den ganzen Boden verteilt war. Will, der gerade dabei gewesen war, Hannahs Sachen auszupacken, hatte eine blonde Kurzhaarperücke entdeckt und sich aufgesetzt. Obendrauf saß Hannahs Plastikkrone. So kostümiert tanzte er durchs Zimmer, während sein kräftiger Jungenkörper in einem mit knallblauen Pailletten besetztem Tutu und einem bunt glänzenden Rock steckte. Hannah lag quer auf dem Boden und lachte so sehr, dass sie gar nicht mehr hochkam. Ich brach ebenfalls in Gelächter aus. Claude, der den Tumult gehört hatte, stapfte die Treppe hoch und stimmte mit ein. Während ich uns lachen hörte, machte sich Erleichterung breit, Erleichterung darüber, dass wir zusammen waren und in einem solchen Moment derart viel Liebe und Freude empfinden konnten. In diesem Augenblick erkannte ich, dass »Zuhause« kein vertrauter Ort ist, an den man jederzeit zurückkehren kann, sondern ein stimmiges Gefühl, das überall möglich ist, vorausgesetzt, man fühlt sich geliebt.

Jenseits der Angst

Wir gingen quer über den Parkplatz. Hannahs zweiter Chemotherapie-Termin stand bevor. Es war Anfang September, eine Woche vor ihrem dritten Geburtstag. Ihre roten Schuhe klapperten auf dem Asphalt, während sie neben mir herlief. Sie hatte ihre Arielle-Lunchbox dabei, gefüllt mit Müslikeksen und Apfelsaft. Ich hielt ihre Hand und achtete auf die Autos, die nach einem freien Parkplatz suchten.

»Mami, können Kinder auch sterben?«

Sie stellte die Frage, als wollte sie nur wissen, woher die Babys kämen, völlig angstfrei und ungerührt. Sie sah mich an und erwartete eine Antwort. Ich vergaß die Autos auf dem Parkplatz und die Infusionen, die da oben auf uns warteten. Hannahs Frage warf mich völlig auf mich selbst zurück.

Ich schwieg eine Weile, bevor ich antwortete. Ich wünschte, ich hätte ihr sagen können, dass Kinder nicht sterben, oder wenn, dann nur in sehr seltenen Fällen, und dass *sie* sich diesbezüglich keinerlei Sorgen machen müsse. Aber ich wusste, die Wahrheit sah anders aus, und Hannah wusste das auch. Obwohl ihre Frage so einfach war, rührte sie an etwas, das wesentlich weiter reichte. Hannah wollte nicht wirklich wissen, ob Kinder sterben können. Sie wollte wissen, ob ich bereit war, ihr gegenüber zuzugeben, dass sie sterben könnte. Sie grübelte offenbar darüber nach, ob sie die Einzige war, die das wusste, oder ob ich es auch wahrhaben wollte.

Als ich in ihre Augen sah, fiel mir wieder ein, dass ich jahrelang hinter einem Schleier aus Angst gelebt hatte. Ich hatte Entscheidungen gefällt, mich zu manchem verpflichtet und für vieles verantwortlich gefühlt, nur weil ich Angst vor Zurückweisung hatte. Ich wollte niemanden verletzen, Autoritäten nicht infrage stellen; immer war ich ein braves Mädchen gewesen, hilfsbereit, verantwortungsbewusst und bei allen beliebt, aber im Grunde liebte man nicht wirklich mich, sondern die, die ich darstellen wollte. Während des letzten Monats, seit Hannahs Krankheit, war mir bewusst geworden, dass ich nichts mehr zu verlieren hatte. Ich war mit mir und meinem Leben ehrlich ins Gericht gegangen.

Mir war außerdem bewusst geworden, dass jede Wahrheit, die ich bislang akzeptiert hatte, völlig bedeutungslos würde, wenn ich mich weigerte, dieser hier ins Auge zu sehen.

»Ja, Hannah, manchmal sterben auch Kinder«, sagte ich ruhig. Wieder geriet etwas in mir in Bewegung. Bevor ich richtig nachgedacht hatte, rutschte mir eine Frage heraus.

»Wenn sie sterben, weißt du, was dann passiert?«, wollte ich wissen.

Atemloses Schweigen.

»Hm-hm«, sagte sie. »Sie kommen in den Himmel und leisten dem lieben Gott Gesellschaft.« Sie drückte meine Hand und hüpfte wie ein Häschen auf den Bürgersteig.

*

Die Wahrheit ist grausam und unerbittlich, sie kennt kein Erbarmen. Wir können sie nicht ändern, aber wir können unsere Einstellung ihr gegenüber ändern. Wir können lernen, sie als Teil unseres Lebens zu akzeptieren. In Wahrheit gehören Fehler, Tod, Nicht-geliebt-Werden einfach zum Leben dazu, genau wie die Angst davor.

Doch indem wir uns diesen Ängsten stellen, können wir

sie überwinden. Wenn wir bereit sind, unter den gegebenen Umständen das Beste zu tun, uns und anderen gegenüber ehrlich zu sein, und uns eingestehen, wer wir wirklich sind und was in unserem Leben Bedeutung hat, dann, und nur dann, gehören das Leben und die Liebe, die wir erfahren, wirklich uns.

FREUDE

Noch in der größten Finsternis

Wer stets zögert, bevor er einen Schritt tut,
wird sein ganzes Leben auf einem Bein verbringen.

Chinesisches Sprichwort

Hannahs Geburtstag

Ich stand in der Küche und lauschte auf das Gelächter, das aus dem Nebenzimmer drang. Ich war so erleichtert, dass ich beinahe geweint hätte. Seit Hannahs Diagnose hatte ich diesem Tag mit einer merkwürdigen Mischung aus Angst und Freude entgegengesehen. Eine Frage hatte mich die ganze Zeit über verfolgt: Würde es einfach nur Hannahs dritter Geburtstag sein oder ihr letzter? Ich hatte mir den Kopf darüber zermartert, ob ich ihn ganz normal feiern oder etwas Besonderes organisieren sollte – für den Fall, dass sie nie mehr einen feiern würde. Als ich Hannah fragte, wie sie den Tag verbringen wollte, hatte sie gesagt: »Ich will ein Fest, auf dem es einen ›Kleine-Meerjungfrau-Kuchen‹ gibt, mit nicht zu vielen Leuten und nicht zu vielen Geschenken.«

»Was, wenn du alles tun dürftest, was du wolltest«, fragte ich, »zum Beispiel zu *Sesamstraße Live* gehen und alle deine Freunde einladen?«

»Nein, Mami«, sagte sie. »Ich will ein Fest, auf dem es einen ›Kleine-Meerjungfrau-Kuchen‹ gibt, mit nicht zu vielen Leuten und nicht zu vielen Geschenken.«

Während ich in der Schublade wühlte und nach den Kerzen für den Geburtstagskuchen suchte, lauschte ich auf das Kichern und Schnattern aus dem Nebenzimmer. Die Kinder, Will mit eingeschlossen, waren immer noch ganz außer Atem von ihrer Schatzsuche draußen hinterm Haus. Geschmückt mit den Schätzen, die es entdeckt hatte – Diademe, goldfarbene Armbänder und falsche Perlenketten – sah ein Kind entzückender aus als das andere. Kurz zuvor hatten sie einen Haufen Stöcke mithilfe von schillernden Bändern,

Glitzer und Klebstoff in Zauberstäbe verwandelt, die jetzt dazu dienten, einander auf den Kopf zu tippen.

Das etwas leisere Schnattern stammte von den Müttern, die sich in einer Ecke des Raums versammelt hatten und an ihren Kaffeebechern nippten. Ganz in ihr Gespräch vertieft, hielten sie hie und da inne, um missbilligende Blicke auf die Zauberstab schwingenden Schatzsucher zu werfen, die über die Stränge zu schlagen drohten. Das Alltägliche an diesem Geburtstag hatte allen über die anfängliche Befangenheit hinweggeholfen. Die Kinder hatten Hannah schüchtern und sehr zurückhaltend begrüßt. Es war ihnen deutlich anzumerken, dass man ihnen im Vorfeld gesagt hatte, Hannah sei operiert worden und fühle sich vielleicht noch etwas schwach. Die Mütter hatten mich mit derselben Befangenheit umarmt, so als wüssten sie nicht, ob sie nun gratulieren oder kondolieren sollten. Das konnte ich ihnen sehr gut nachfühlen, denn selbst ich war mir nicht sicher, ob ich lächeln oder in Tränen ausbrechen wollte.

Hannah öffnete uns schließlich die Augen.

»Hey, wollt ihr mal meine Narbe sehen?«, fragte sie und griff nach dem Saum ihres Kleids.

»Echt? Willst du sie uns wirklich zeigen?«, flüsterte ihre Freundin Jackie und riss ungläubig die Augen auf.

»Aber klar doch!«, entgegnete Hannah. »War doch bloß 'ne Operation.«

Sie klemmte sich den Saum ihres Kleids unters Kinn und entblößte eine feuerrote Wunde, die quer über ihren ganzen Unterleib verlief; die Fäden waren noch nicht gezogen worden. Die Kinder, von Natur aus neugierig, scharten sich um sie und kommentierten das Ganze mit anerkennenden Ahs und Ohs.

Eine der Mütter drehte sich zu mir um und flüsterte: »Kommst du damit klar?«

Ich lächelte und zuckte die Achseln. »Wenn sie damit klarkommt, dann tue ich es auch.«

»Tut's weh?«, wollte eines der Kinder wissen.

»Nur ein bisschen«, antwortete Hannah. »Meine Ärzte haben mir Medizin gegeben und Pizza, und da ging es mir gleich wieder viel besser.«

»Wow, ich will auch operiert werden«, sagte ein anderes Kind. Die übrigen nickten zustimmend.

Es entstand eine kleine Pause, und dann fragte Jackie: »Hannah, darfst du immer noch spielen?«

»Natürlich, du Dummchen«, sagte Hannah. »Ich hab doch schließlich Geburtstag!«

Alle lachten. Mit einem Mal hatte sich die Befangenheit gelegt und das Fest konnte beginnen.

Ich fand das Paket mit den Kerzen in der Schublade, nahm drei davon heraus und steckte sie in eine Ecke des Kuchens. Ich trat zurück und lächelte. Das hier war kein Kuchen aus einer Konditorei, sondern ein Meisterwerk, das Hannah und ich selbst gebacken hatten, verziert mit Plastikfiguren von der Kleinen Meerjungfrau und Prinz Eric, die sich an den Händen hielten und auf einer schokobraunen Insel, inmitten eines blaugrünen Zuckerguss-Ozeans standen. Dort, wo Hannah hatte testen müssen, ob der Zuckerguss auch überall gleich schmeckte, prangten Löcher, die exakt dem Durchmesser ihres Zeigefingers entsprachen.

Ich zündete die Kerzen an. Sie sahen so winzig aus im Vergleich zu dem riesigen Kuchen. Doch für solch einen Kuchen gibt es einfach nicht genügend Kerzen, genauso wenig, wie es genügend Jahre für ein Leben gibt. Tränen, die ich die ganze Zeit über zurückgehalten hatte, drohten in mir aufzusteigen. Ich zwinkerte heftig. Ich durfte jetzt auf keinen Fall weinen, denn dann würde ich den schönsten Moment des ganzen Tages ruinieren. Ich atmete tief durch, nahm den Kuchen, setzte ein angestrengtes Lächeln auf und betrat das Esszimmer. »Happy birthday to you …« Das Gelächter und die Gespräche verstummten, als alle mit einstimmten. Ich balancierte den Kuchen durch einen Hindernisparcours aus Kindern, Luftballons und Girlanden und war so darauf konzentriert, nichts und niemanden anzusengen, dass ich gar nicht auf Hannahs Reaktion achtete. Als ich schließlich aufsah, erstarb das Lächeln auf meinem Gesicht.

Hannah war die Einzige, die nicht lächelte. Sie saß feierlich, ruhig, ja beinahe starr auf ihrem Platz. Nur ihr Kopf bewegte sich, während ihr Blick langsam von einem zum anderen wanderte, um dann schließlich auf mir zu ruhen. Für den Bruchteil einer Sekunde befürchtete ich, dass irgendetwas nicht stimmte. Vielleicht war sie müde oder traurig, oder die ganze Aufregung war zu viel für sie. Dann merkte ich, dass Hannah alles andere als unglücklich war, sie ließ diesen Moment nur ganz tief auf sich einwirken. Als das laut und falsch gesungene Geburtstagsständchen verklungen war, sahen alle mit leuchtenden Augen und roten Wangen zu ihr hinüber. Sie lächelte ein wenig und ließ das Ganze noch weiter auf sich wirken. Alles wartete. Lange Zeit war es still. Die anderen Kinder begannen unruhig zu werden.

»Los, Hannah, wünsch dir was«, rief irgendjemand.

Hannah sah mich an. Ihre Augen bohrten sich mir direkt ins Herz. Die Erwachsenen hatten aufgehört zu lächeln. Die Kinder rutschten nicht mehr auf ihren Stühlen hin und her. Alle beobachteten Hannah, und Hannah beobachtete mich. Alle waren verstummt, wie nach dem letzten »Amen« in der Kirche. Endlich, endlich blies Hannah mit einem schwachen Hauch die Kerzen aus. Selbst dabei wandte sie den Blick nicht von mir. Ich fühlte mich vollkommen gegenwärtig, so sehr mit ihr im Hier und Jetzt, wie ich es noch nie und mit niemandem erlebt hatte.

Mit diesem einen Atemzug blies Hannah nicht nur die Kerzen aus, sondern öffnete mir auch das Herz. Jetzt weiß ich, dass es eine Freude gibt, die nichts mit Glück, lautem Gelächter und angestrengtem Grinsen zu tun hat, sondern mit Innehalten, mit tiefer Stille – eine Freude, die man einatmen und sich auf der Zunge zergehen lassen kann.

Erwartung

Ich kriegte mich gar nicht mehr ein vor lauter Dankbarkeit und wäre am liebsten auf die Knie gefallen, aber ich konnte den Blick einfach nicht von Hannah abwenden. Sie winkte mir aus dem Schulbus zu, nach dem Gerangel um einen Sitzplatz saß ihr die pinkfarbene Baseballkappe schief auf dem Kopf.

Seitdem uns Dr. Kamalaker eröffnet hatte, dass Hannah an einer Form von Krebs litt, von der niemand so recht wusste, wie sie zu behandeln war, sahen Claude und ich uns vor eine schier unlösbare Aufgabe gestellt: Einerseits wollten wir, dass man alles nur Erdenkliche tat, um sie zu heilen, andererseits sollte Hannah die Zeit, die ihr noch blieb, so angenehm wie möglich verbringen können. Claude war stundenlang im Internet und am Telefon gewesen, hatte mit Ärzten und spezialisierten Bibliothekaren im ganzen Land gesprochen und ein dickes Notizbuch angelegt, in das er jede nur erdenkliche Information eintrug, die er über Hannahs Krebserkrankung finden konnte. Irgendwie schien er davon überzeugt zu sein, dass es sich bei Hannahs Krankheit um eine Art technischen Defekt handelte, wie er ihn aus dem Ingenieurwesen kannte; hätte er nur erst die richtigen Informationen, dann würde er ihn auch beheben können.

Doch es sollte nicht lange dauern, bis wir merkten, dass es sich um eine äußerst seltene Krebserkrankung handelte, mit dementsprechend wenig Behandlungsmöglichkeiten. Wir beherzigten das Markoffsche Gesetz und taten unter den gegebenen Umständen das Beste. Nachdem wir uns mit verschiedenen Ärzten aus New York und Philadelphia getroffen und mit vielen anderen telefoniert hatten, waren Claude und ich zu dem Schluss gekommen, es mit der Chemotherapie zu versuchen, mit der auch das kleine Mädchen in Washington behandelt worden war. Sie lebte fünfzehn Monate nach der Diagnose immer noch. Die Chemotherapie würde einmal die Woche ambulant durchgeführt werden, und zwar in einer Klinik, die nur zwanzig Minuten von uns entfernt lag. Wir vertrauten Dr. Kamalaker und Dr. Bekele und wussten es sehr zu schätzen, wie sich Jill, die Sozialarbeiterin, um uns kümmerte.

Jill war es auch, die mich davon unterrichtete, dass Hannah nicht in den Kindergarten dürfe. Sie und ich saßen an Hannahs Bett, kaum dass sie operiert worden war.

»Soweit ich weiß, haben Sie Hannah für den Kindergarten angemeldet.« Sie räusperte sich und rutschte auf ihrem Stuhl hin und her. »Sie wissen sicherlich, dass die Chemotherapie Hannahs Immunsystem stark angreift.« Sie legte mir eine Hand auf den Arm. »Ein Kindergarten kommt deshalb auf keinen Fall infrage.«

Ich brauchte eine Weile, bis mir die Bedeutung ihrer Worte klar wurde. Ich wusste, dass sie Recht hatte. Aber für mich war Hannah vor allem eine Dreijährige und erst an zweiter Stelle eine Krebspatientin.

»Sie verstehen nicht«, sagte ich, »Nach all dem, was Hannah durchgemacht hat, möchte ich ihr den Kindergarten nicht vorenthalten. Wissen Sie, sie will mit dem Bus fahren und Ausflüge mit ihren Freunden machen. Ich bin bereit, alles zu tun, um ihr das zu ermöglichen.«

Jill ließ nicht locker. »Es gibt Menschen, die sich ungeheuer für Kinder wie Hannah einsetzen. Ich bin mir sicher, dass wir einen Schulbus organisieren können, einen leeren allerdings, der sie für einen Ausflug abholen kommt. Hannah wird den Unterschied gar nicht bemerken.«

Ich lachte und schüttelte den Kopf, fast schon erleichtert, denn wenn ich eines wusste, dann das: »Jill, ich bin mir sicher, dass Sie von solchen Dingen eine Menge verstehen, aber wenn Sie glauben, dass sich Hannah durch einen leeren Schulbus, der an unserem Haus hält, täuschen lässt, dann irren Sie sich.«

Eine Woche nach ihrem dritten Geburtstag ging Hannah in den Kindergarten. Nachdem die Entscheidung einmal feststand, bemühten sich alle, uns zu unterstützen. Mrs. Fisher und Mrs. Forsythe, Hannahs Kindergärtnerinnen, trafen sich mit Schwestern aus der Klinik, um zu besprechen, wie man Hannah vor Keimen schützen konnte. Sie trafen sich auch mit den Eltern der anderen Kinder, um auf deren Sorgen und Fragen einzugehen. Ursula, die Schwester, die in der Aufnahmestation der Klinik arbeitete, legte Hannahs Behandlungstermine so, dass sie sich nicht mit ihrem Kindergartenprogramm am Dienstag- bzw. Donnerstagvormittag überschnitten. Hannah war hellauf begeistert vom Kindergarten, sodass ihre Behandlungstermine neben den vielen anderen Aktivitäten für uns gar nicht mehr so ins Gewicht fielen.

Mrs. Fisher stand im Bus, sammelte die letzten Zöglinge ein und zählte zur Sicherheit noch einmal durch.

»Alles in Ordnung, liebe Mütter«, rief sie. »Es kann losgehen!«

Ihre Ankündigung wurde von den neunundzwanzig Drei- und Vierjährigen mit begeistertem Geschrei aufgenommen. Der Busfahrer schloss die Türen und ließ den Motor an. Durch das Fenster konnte ich sehen, wie sich Hannah am Sitz vor ihr festhielt und auf und ab hopste, eine seliges Lächeln im Gesicht. Als der Bus anfuhr, ließ sie kurz los, drehte sich um und winkte mir zu. In diesem Moment drückte ich den Auslöser meiner Kamera und schoss ein Erinnerungsfoto, das noch heute in einem silbernen Rahmen auf Jills Schreibtisch steht.

»Jeden Morgen«, so Jill, »winkt mir Hannah aus diesem Busfenster zu und erinnert mich daran, was alles möglich ist.«

Sorglos

❦

Ich räumte gerade die Spülmaschine aus, als Hannah zur Küche hereintanzte. Sie trug ihren rosa Glitzerbadeanzug und schwenkte ihren Geburtstags-Zauberstab.

»Mami, lass uns mit den Fingerfarben malen«, sagte sie und wirbelte um ihre eigene Achse. »Bütte, bütte, bütte«, fügte sie hinzu.

Ich richtete mich auf und hielt mir den schmerzenden Rücken. Das Geschirr von gestern Abend stand noch ungespült herum und auf der Küchentheke stapelte sich die ungeöffnete Post. Der Anrufbeantworter blinkte und die Zeitschaltuhr des Wäschetrockners erinnerte mich alle zwei Minuten daran, dass wieder eine neue Ladung fällig war. Ich hatte eine ganze Latte von Dingen zu erledigen – Malen mit Fingerfarben gehörte eigentlich nicht dazu.

Egal. Wir stellten die große blaue Staffelei hinaus in den Garten, mitten in einen warmen Fleck Septembersonne. Dann zogen wir unsere Schuhe aus und klemmten das schimmernd weiße Spezialpapier in die gelbe Halterung. In die Ablage darunter stellte Hannah die Becher mit den Farben Erdbeerrot, Meerblau, Zitronengelb und Grasgrün.

Wir tauchten unsere Finger in die Becher und rührten darin herum.

»Farbe satt!«, sagte Hannah.

Kichernd zogen wir unsere Finger wieder heraus. Dicke, schlierige Tropfen fielen hinunter ins Gras. Wir bekleckten das Papier mit kunterbunten Kringeln und Spiralen und schufen ein Meisterwerk nach dem anderen. Eine halbe Stunde später kam Will aus der Schule. Er sah uns, begann zu strahlen, ließ seine Schultasche fallen und verwandelte sich ebenfalls in einen malenden Derwisch.

Am selben Abend saß ich mit einem Becher lauwarmen Kaffees in der Küche und sah mir die Gemälde an, die ich mit Klebestreifen an den Schranktüren befestigt hatte. Sie waren wunderschön. Auf meines war ich richtig *stolz*. Irgendwo in mir löste sich ein Knoten. Seit Jahren hatte ich mir vorgenommen zu malen und mir eingeredet, dafür erst Unterricht nehmen zu müssen, um ja nichts falsch zu machen. Heute, so ganz ohne Pinsel und Palette, war mir die Angst im wahrsten Sinne des Wortes aus den Händen geglitten. Ich war so begeistert gewesen, dass ich alles um mich herum vergessen hatte.

Ich ließ den Kaffee in meinem Becher kreisen, konnte aus dem Küchenfenster sehen, wie der Mond aufging, und fühlte mich wie neu geboren.

Der Nichtgeburtstag

❦

»Mami, warum werd ich nicht mehr Geburtstag feiern, wenn ich älter als vier bin?«

Wir waren gerade Einkaufen gewesen. Hannahs Frage lastete schwer auf mir, während ich in unsere Einfahrt bog. Die Erinnerung an ihren dritten Geburtstag und an unsere Unterhaltung darüber, ob Kinder sterben können, war noch genauso frisch wie ihre Operationsnarbe. Sie klang ratlos, aber gleichzeitig bestimmt, so als wisse sie, dass das die Wahrheit war, wenn auch nicht genau, warum.

Ich fuhr den Wagen in die Garage, schaltete auf Parken und stellte den Motor ab. Ich sah in den Rückspiegel; Hannah fixierte meinen Hinterkopf. Ich holte tief Luft und drehte mich zu ihr um.

»Ich weiß nicht, ob das stimmt, Hannah«, fühlte ich vor und hasste mich für meinen betont fröhlichen Tonfall. »Auf deinen vierten Geburtstag folgt der fünfte.«

Sie sah mich misstrauisch an. Plötzlich wurde ich ganz befangen.

»Weißt du das genau?«, fragte sie.

»Nun ...« Ich zögerte. »Die Ärzte tun alles, was in ihrer Macht steht, um deinem Körper zu helfen, damit du noch *ganz viele* Geburtstage feiern kannst.«

Sie legte den Kopf schräg und sah mich mitfühlend an.

»Nun, das werde ich nicht«, sagte sie. Sie widersprach mir nicht, stellte es einfach bloß fest.

Als ich nach hinten griff, um sie abzuschnallen, wusste ich, dass sie mir schon um vieles voraus war, ich konnte nur hoffen, dass es mir gelingen würde, mit ihr Schritt zu halten.

Drogenhandel im Schwimmbad

Hannah und ich drängten uns in der durch einen Vorhang abgetrennten Umkleidekabine des Schwimmbads. Ich bemühte mich, sie nicht zu hetzen, aber ich wollte Claude und Will nicht länger warten lassen als nötig. Wir waren beide nackt und hatten uns gerade die nassen Badeanzüge vom Leib gepellt. Hannah kicherte, weil das Handtuch, das ich ihr wie einen Turban um den Kopf gewickelt hatte, immer wieder über ihre Augen rutschte. Sie saß auf einer Holzbank und hatte sich gegen die Wand gelehnt. Ich kniete vor ihr in einer Pfütze auf dem Boden. Neben ihr auf der Bank lag ein buntes Sammelsurium an steril verpackten medizinischen Utensilien herum.

Als Teil ihrer Behandlung hatte man einen Broviac-Katheter in Hannahs Brust gelegt, der den Ärzten einen direkten Zugang zu ihrer Blutbahn ermöglichte. Seine Schläuche mussten mehrmals täglich durchgespült werden, um die Stelle so steril wie möglich zu halten.

Dr. Kamalaker hatte mir die alleinige Verantwortung dafür übertragen, selbst Schwestern und Assistenzärzte hatten strikte Anweisung, ihn nicht zu berühren. Er hatte mir erklärt, dass sich das Risiko einer Komplikation stark verringern ließe, wenn der Katheter nur von einer einzigen Person gehandhabt würde, und so war ich aufgrund seiner Entscheidung in den erlauchten Kreis des medizinischen Fachpersonals aufgenommen worden. Das war nicht die einzige ungewöhnliche Maßnahme, zu der er sich entschlossen hatte: Allein, dass Hannah und ich hier klitschnass und kichernd im Umkleideraum des Schwimmbads sitzen konn-

ten, hatten wir seiner Menschlichkeit und seinem Einfüh-
lungsvermögen zu verdanken.

Es gab fast nichts, das Hannah mehr liebte als Schwim-
men. Sie pflegte sich am Beckenrand aufzustellen, in die
Knie zu gehen, ihre Arme vor und zurück zu schwingen,
lauthals »Eins, zwei, drei, LOS!« zu rufen und sich dann in
Claudes ausgebreitete Arme zu stürzen. Je mehr es spritzte,
desto besser. Dann trieb sie dank des orangefarbenen
Schwimmreifens an die Wasseroberfläche, paddelte zum
Beckenrand, zog sich aus dem Wasser und legte gleich wie-
der los. Wir waren davon meist schneller erschöpft als sie.
»Nur noch einmal, Papi«, flehte sie.

Genau das hatten wir Dr. Kamalaker auch geschildert
und darauf bestanden, dass Hannah schwimmen dürfe.
Dr. Kamalaker hatte da so seine Bedenken; zweifellos war
das Schwimmbad eine ideale Brutstätte für Keime aller Art.
Ich erklärte ihm, dass ich Hannah keinem unnötigen Risiko aussetzen, sie aber auch nicht ihres größten Vergnü-
gens berauben wolle. Nie mehr schwimmen zu dürfen, erschien mir schlimmer als das Risiko einer Infektion.

Dr. Kamalaker hörte mir ruhig zu und starrte dann eine
Weile aus dem Fenster. Schließlich erhob er sich, öffnete die
Tür des Arzneischranks und wühlte darin herum. Eine
halbe Minute später tauchte er mit einem zufriedenen Grinsen und einer Packung wasserfester Pflaster wieder auf.

»Sie können die hier verwenden«, sagte er. »Und bitte desinfizieren Sie die Schläuche und die Wunde vor und nach
dem Schwimmen. Wir werden das ein paar Mal auspro-
bieren, und wenn es klappt, ohne dass sie eine Infektion bekommt, dann dürfen Sie damit weitermachen.«

Mit einem lauten Schnalzen zog ich mir einen sterilen
Gummihandschuh über. Hannah griff nach dem anderen
und reichte ihn mir.

»Mach mir einen Luftballon, Mami«, bettelte sie.

»Okay, aber nur einen«, willigte ich ein. Ich nahm den Handschuh an seinem Ende, hielt ihn an den Mund und blies hinein. Der gepuderte Latex schmeckte bitter. Bald waren die Finger und auch der Rest mit Luft gefüllt. Jetzt wurde es heikel: Ich drückte Daumen und Zeigefinger zusammen, damit die Luft nicht entweichen konnte, und machte einen Knoten in das noch verbleibende Latex-Ende. Hannah quietschte vor Vergnügen und küsste mich.

»Danke, Mami!«

»Gern geschehen, Fräulein«, lächelte ich. »So, und jetzt lass uns deinen Katheter desinfizieren.«

Während ich zwei Spritzen aufzog, eine mit Heparin und eine mit Salin, riss Hannah drei Päckchen mit alkoholgetränkten Tüchern auf und legte sie vorsichtig auf die Bank. Dann hob sie die Schläuche des Katheters, sorgsam darauf bedacht deren Enden nicht zu berühren. Ich reinigte sie mit Alkohol und griff nach der ersten Spritze. Ich hielt sie hoch über meinen Kopf, um besser sehen zu können, und klopfte mit meinem Zeigefinger dagegen, um etwaige Luftbläschen in die Spitze zu befördern. Als ich gerade abdrückte, um die Luft entweichen zu lassen, teilte sich der Vorhang.

Eine Frau im blau geblümten Badeanzug hielt einen Vorhangzipfel in der Hand und hatte die Augen weit aufgerissen. Sie ließ ihren Blick von den auf der Bank liegenden Verbandspäckchen und Ampullen zu Hannah und ihrem Katheter wandern, dann zu meinen Chirurgenhandschuhen und der Spritze in meiner Hand. Wortlos ließ sie den Vorhang wieder fallen. Wir sahen, wie ihre mit Plastikmargeriten verzierten Badelatschen einen Schritt zurückwichen und stehen blieben. Dann machten sie eine Kehrtwende und schlappten geräuschvoll über den Fußboden in Richtung Tür. Ich hörte, wie sich die Tür öffnete und anschließend ins Schloss fiel. Ich drehte mich nach Hannah um.

Sie grinste schelmisch.

»Mami«, sagte Hannah, »Die Frau hat vielleicht gestaunt! Glaubst du, sie hat noch nie jemanden nackt gesehen?«

Einatmen

Ich schrieb nur eine Zeile in mein Tagebuch:
»Ein schwarzer Tag.«
Der Tumor war zurückgekehrt. Die Ärzte hatten ihn bei
einer Routineuntersuchung auf dem Röntgenbild entdeckt.
Trotz der achtwöchigen Chemotherapie hatten winzige Zel-
len des Originaltumors gestreut und einen dunklen Fleck in
Hannahs linkem Lungenflügel gebildet. Ihre Operations-
narbe war noch kaum verheilt.

Claude und ich hatten eine folgenschwere Entscheidung
zu fällen. Würden wir nichts unternehmen, wäre Hannah
vielleicht schon vor Weihnachten tot. Aber so weit waren
wir noch nicht. Gemäß dem Markoffschen Gesetz ließen wir
uns für einen zweiten Operationstermin eintragen, um den
Tumor entfernen zu lassen. Und wir planten, bei Hannah
eine Eigenknochenmark-Transplantation vornehmen zu
lassen. Es hätte da zwar noch andere experimentelle Thera-
piemöglichkeiten gegeben, die Hannah jedoch für den Rest
ihres Lebens ans Krankenhaus gefesselt hätten; das wollten
wir ihr auf keinen Fall antun. Bei dieser Transplantation,
so entschieden wir, standen Risiken und Chancen in einem
Verhältnis zu einander, mit dem wir leben konnten. Sollte
Hannah danach erneut einen Rückfall erleiden, waren wir
entschlossen, sie gehen zu lassen.

Die Einwilligungserklärung, die Claude und ich unter-
zeichnen mussten, sprach eine mehr als deutliche Sprache:
Die Behandlung, der sich Hannah unterziehen würde,
würde sie höchstwahrscheinlich nicht heilen können, ja sie
schlimmstenfalls sogar umbringen. Und selbst wenn ein

Wunder geschah und sie zum Teenager heranwuchs, dann würde sie ohne ärztliche Behandlung nicht in die Pubertät kommen und niemals Kinder haben können.

Ein Arzt, den wir um Rat fragten, fasste die Situation folgendermaßen zusammen: »An Ihrer Stelle würde ich beten, dass sie überhaupt so lange gesund bleibt.«

Ein Tag vor ihrer Operation gingen Hannah und ich im Park spazieren, und ich dachte keine Sekunde lang über all das nach. Es war Herbst und so warm, dass man keine Jacke brauchte. Die Sonne schien, der Wind blies und das Laub raschelte unter unseren Füßen. Hannah hielt meine Hand, und ich spürte die Wärme ihrer Finger, lauschte dem Auf und Ab ihrer Stimme, während sie mir erzählte, dass sie vorhatte im Krankenhaus ihr Prinzessinnenkostüm zu tragen. Der purpurrote Bommel an ihrer Mütze wippte beim Laufen.

Ich lebte ganz im Augenblick, genoss ihn in vollen Zügen. Da war nichts, was ich hätte tun, sagen oder mir wünschen können. Ich freute mich meines Lebens, freute mich noch mehr darüber, dass Hannah noch am Leben war, und hielt so lange wie möglich den Atem an in dem Versuch, ein klitzekleines Bisschen dieser Freude in mich hineinzusaugen, um dann davon zehren zu können, wenn die Tage dunkler würden. Und das würden sie gewiss.

Märchenhaft

Eine Woche nach Hannahs zweiter Operation durften wir wieder nach Hause. Zur Feier des Tages machte Hannah zwei Purzelbäume mitten im Wohnzimmer. So viel Unverwüstlichkeit gab mir einen Stich, und ich schloss die Augen.

Doch jetzt, drei Tage später, hatte auch ich Ärzte, Therapien und Krebserkrankungen meilenweit hinter mir gelassen. Claude und ich hingen schlaff in unseren Sesseln und wussten die Klimaanlage sehr zu schätzen. Unser Gepäck, bestehend aus Lederkoffern und Nylontaschen, stapelte sich auf den beiden Doppelbetten. Will und Hannah hatten sich durch den Spalt im Vorhang gedrängt und drückten sich die Nasen an der Fensterscheibe im vierzehnten Stock platt.

»Sieh mal, Will!«, schrie Hannah. »Ich kann das Schloss von Aschenputtel sehen. Hoffentlich ist sie zu Hause!«

»Natürlich ist sie nicht zu Hause, Hannah, die gibt's doch gar nicht«, erklärte ihr Will ein wenig ungeduldig.

»Und ob es die gibt. Du wirst schon sehen, Will«, schniefte Hannah.

»Los jetzt, Mama. Komm schon, Papa«, sagte Will. »Wir wollen nicht mehr warten.«

Claude und ich sahen uns an und lachten. In New Jersey hatte uns der Wecker schon morgens um halb vier aus dem Schlaf gerissen. Eine halbe Stunde später hatte uns dann eine Stretchlimousine abgeholt und kurz vor sechs am Flughafenterminal abgesetzt. Will und Hannah hatten während des gesamten Flugs nach Orlando geschlafen. Dort hatte uns ein nettes Paar in Empfang genommen, uns zu unserem

Leihwagen gebracht und Hannah einen Anstecker gegeben, auf dem stand »Wünsch dir was«. Noch vor zwölf Uhr waren wir im Hotel.

Hannahs Rückfall hatte ihr eine Gratisreise nach Disney World eingebracht. Der Urlaub war eine großzügige und willkommene Abwechslung, deren Erholungseffekt jedoch nicht lang anhalten sollte: Hannahs Knochenmarkpunktion war schon für die darauf folgende Woche angesetzt.

Claude und ich richteten uns mühsam auf.

»Juhuu!«, jubelten Will und Hannah.

Eine Bimmelbahn brachte uns ins Märchenland. Aschenputtels Schloss war unsere erste Station. Als wir den Burggraben überquerten und durch das Tor in die mit Mosaiken geschmückte Empfangshalle traten, versank auch ich völlig in dieser Traumwelt, in der alle glücklich lebten bis ans Ende ihrer Tage. Mein Verstand sagte mir, dass das viel zu schön war, um wahr zu sein, aber ich nahm trotzdem alles dankbar in mich auf. Ich hörte aufgeregtes Stimmengewirr und das Scheppern von Zinntellern, die am anderen Ende der Halle im Bankettsaal zu Boden fielen. Die meisten um uns herum eilten zielstrebig darauf zu, Claude miteingeschlossen, der nachsehen wollte, ob wir auch ohne Reservierung einen Tisch bekämen. Will und Hannah blieben zurück und starrten wie hypnotisiert auf die Ritterrüstungen, Helme und Wappen, welche die Wände säumten. Plötzlich erstarrte Hannah. Eine schlanke Gestalt in einem langen blauen Kleid und mit hoch gestecktem, goldenen Haar, auf dem ein Diadem saß, trat langsam aus einer der Nischen. Will fiel die Kinnlade herunter.

»Aschenputtel«, flüsterte er.

Aschenputtel kniete sich vor Hannah hin.

»Hallo, ich bin Aschenputtel«, sagte sie leise. »Und wie heißt du?«

Hannah hatte sich noch immer nicht gerührt. Ihre Augen wanderten vom Diadem auf Aschenputtels Kopf über ihr lächelndes Gesicht hinunter zu ihrem gebauschten Rock und den durchsichtigen, gläsernen Schuhen, die knapp unter dem Kleidersaum hervorsahen.

»Ich heiße Hannah«, sagte sie schließlich. »Und das ist mein Bruder Will«, fügte sie hinzu und deutete auf ihn. Sie schwieg kurz, beugte sich dann in Richtung Aschenputtel und flüsterte laut: »Er hat nicht geglaubt, dass es dich gibt, aber *ich* schon.«

Will wand sich unbehaglich und verdrehte die Augen. Aschenputtel zwinkerte ihm zu.

»Ist schon in Ordnung, Will«, sagte Aschenputtel. Er lächelte schüchtern, sichtlich erleichtert.

Dann wandte sie ihre Aufmerksamkeit wieder Hannah zu.

»Wie geht es dir, Hannah?«, fragte sie.

»Ich bin gerade erst operiert worden«, sagte Hannah ruhig. »Willst du meine Narbe sehen?«

Ich hatte den Verdacht, dass Aschenputtel Hannahs Wünsch-dir-was-Anstecker bereits entdeckt hatte.

»Okay«, sagte sie leise.

Hanna hob langsam ihr Kleid. Aschenputtel sah auf Hannahs Bauch und öffnete dann wortlos ihre Arme. Hannah warf sich umgehend hinein. Während sie Hannah festhielt, sah mich die junge Frau über Hannahs Schulter hinweg an, in ihren Augen standen Tränen.

»Danke für dein Vertrauen, Hannah«, flüsterte sie.

Hannah lockerte ihre Umarmung und gab ihr einen Kuss.

»Gern geschehen«, sagte Hannah.

Aschenputtel erhob sich, fuhr mit einem Finger unter ihren stark getuschten Wimpern entlang und strich sich das Kleid glatt. Will trat vor und gab ihr die Hand.

»Schön dich kennen zu lernen, Aschenputtel«, sagte er.

»Schön *dich* kennen zu lernen, Will«, sagte Aschenputtel.

Hannah hüpfte aufgeregt um sie beide herum.

»Siehst du Will«, rief sie. »Hab ich's dir doch gesagt, dass es sie gibt.«

»Ja, Hannah«, sagte er und zwinkerte Aschenputtel zu, »du hattest Recht.«

Als wir dann zu dritt in Richtung Bankettsaal gingen, strahlte ich übers ganze Gesicht. Es spielte keine Rolle, dass Aschenputtel nur ein Mädchen aus Iowa war, das ein wunderschönes Kostüm trug. Die Freude, die wir gerade hatten erleben dürfen, war echt gewesen, und das war märchenhaft genug.

Geheimnisse

Wir erholten uns gerade von der brütenden Nachmittagssonne und den Touristenmassen. Will und Hannah saßen
im Schneidersitz auf dem Boden und sahen sich Zeichen-
trickfilme an. Claude waren die Augen bereits zugefallen.
Ich hatte mich erschöpft, aber zufrieden neben ihm ausge-
streckt und strich mir mit einer Hand zärtlich über den
Bauch. Darin entstand ein neues Leben. Am Tag bevor wir
nach Florida aufgebrochen waren, hatte sich auf dem
Schwangerschaftstest-Stäbchen eine dünne blaue Linie ab-
gezeichnet, die erst ganz blass war, sich dann aber tiefblau
färbte. Claude und ich hatten uns umarmt und geweint. Ich
fühlte mich gut und irgendwie anders als bei meinen vorigen Schwangerschaften, ich spürte keine freudige Erregung,
sondern einfach nur stille Zufriedenheit und Demut. Diese
Schwangerschaft, das wusste ich, lag in Gottes Hand, nicht
in meiner.

Wir hatten beschlossen, noch niemandem etwas zu sagen,
selbst den Kindern nicht. Sollte ich an Weihnachten immer
noch schwanger sein und die kritischen ersten acht Wochen
hinter mich gebracht haben, würden wir sie einweihen.

Ich schloss die Augen und wäre beinahe weggedöst, als
ich spürte, wie mich eine kleine Hand an der Schulter rüttelte.

»Mami«, flüsterte mir Hannah laut ins Ohr, »bist du
wach?«

Ich hob meine schweren Lider und blinzelte ein paar Mal.

»Ja, mein Fräulein. Was gibt's?«

»Mami, ich will dir was sagen, wegen dem Baby, das gestorben ist«, antwortete sie mir.

»Welches Baby?«, fragte ich, drehte mich auf die Seite und machte ihr Platz, damit sie sich neben mich aufs Bett legen konnte.

Hannah kuschelte sich an mich und schob ihren Kopf unter mein Kinn.

»Du weißt schon, das Baby, das in deinem Bauch war, das nicht stark genug war, um auf die Welt zu kommen«, sagte sie. Ich nickte.

»Also«, sagte sie aufgeregt, legte eine Hand auf meinen Bauch und sah mir in die Augen. »Du musst deswegen nicht traurig sein, weil Gott schon dabei ist, uns ein neues Baby zu machen.«

Ich öffnete meinen Mund und schloss ihn wieder. Ich war sprachlos. Entweder sie hatte geraten, und dann hätte ich sie anlügen müssen, um mein Geheimnis zu wahren, oder aber sie wusste es, und dann fehlten mir erst recht die Worte.

Während sie mich angrinste, beschloss ich, die Sache einfach auf sich beruhen zu lassen. Es gibt eine Menge Dinge, die ich niemals verstehen werde – das war eines davon.

Gemeinsames Weihnachten

Draußen setzte leichter Schneefall ein, genau rechtzeitig zum ersten Weihnachtstag. Eine kleine Plastiktanne, beladen mit Christbaumschmuck und elektrischen Kerzen, stand in einer Ecke des Krankenzimmers, direkt neben den Stapeln mit Büchern, Puzzles, Stofftieren und einer Barbiepuppe. Alle Fenster waren mit Aufklebern von Strümpfen, Zuckerstangen und Sternen dekoriert. Eine rotgrüne Papiergirlande war quer durch den Raum gespannt.

Es sah ganz danach aus, als sei der Stern Bethlehems auch über uns aufgegangen, denn Hannah lebte noch, genauso wie das Baby in meinem Bauch.

Die letzten drei Wochen hatten Hannah und ich in einem drei mal dreieinhalb Meter großen Raum verbracht, isoliert nicht nur von Keimen, sondern auch vom Rest der Welt. Obwohl dieses Krankenhaus mehr als anderthalb Autostunden von unserem Zuhause entfernt lag, war es das einzige im näheren Umkreis, das Knochenmarktransplantationen vornahm und mir erlaubt hatte, rund um die Uhr bei Hannah zu sein. Dass ich darauf bestanden hatte, bei ihr zu bleiben, war eine der besten Entscheidungen, die wir je getroffen hatten.

Zehn Tage lang hatten die Ärzte Hannahs Körper im Rahmen der Chemotherapie mit Medikamenten vollgepumpt, um so möglichst alle noch verbliebenen Krebszellen zu zerstören. Die Plastikbeutel mit den Medikamenten trugen grelle Aufkleber mit Warnhinweisen wie »Achtung Lebensgefahr«, »Giftige Chemikalien« und »Sondermüll«. Immer, wenn sie sie an das Infusionsgestell hängten, sahen die

Schwestern zur Sicherheit zwei- bis dreimal in ihren Unterlagen nach, bevor sie mit der eigentlichen Infusion begannen. Ich notierte mir alles auf einem kleinen Block, den Claude mir gegeben hatte. Er hatte ihn mit mehreren engen Spalten versehen, in die ich Datum, Zeit, Name und Dosis eines jeden Arzneimittels notieren konnte, das man Hannah verabreichte. Merkwürdigerweise wurde er zum Tagebuch, in dem ich Hannahs letztes Lebensjahr festhielt.

Sobald ein Beutel leer war, wurde ein anderer an seine Stelle gehängt. Hannahs Zustand begann sich sofort zu verschlechtern, und ich fing schon an zu glauben, Claude und ich hätten den schwersten Fehler unseres Lebens begangen. Die Chemikalien bewirkten, dass Hannah sich ständig übergeben musste. Ihr Mund, ihr Hals und ihr Darm brannten. Ihr Haar fiel büschelweise aus; nur ein paar widerborstige Stoppeln wuchsen noch auf ihrem kahlen Schädel. Jeder Millimeter Haut war mit Schorf überzogen, und was darunter hervorsah, war knallgelb.

Damit sie sich nicht wund lag oder infizierte, hatten mich die Ärzte angewiesen, sie fünfmal täglich in einer blauen Plastikwanne zu baden, die mir die Schwestern mitten im Zimmer auf den Boden gestellt hatten. Jedes Mal, wenn ich Hannahs schlaffen, schmerzenden Körper aus dem Bett hob, wimmerte und stöhnte sie. Mehrere Male rebellierte ich gegen diesen Wahnsinn, log die Schwestern an und behauptete, ich hätte sie gebadet, wenn ich sie in Wirklichkeit hatte schlafen lassen.

Während der ersten Behandlungswoche betete ich jeden Tag, dass sich ihre Situation nicht verschlechtern möge, dass Hannahs erschöpftem, schmerzendem Körper eine Verschnaufpause vergönnt wäre.

Doch dann erinnerten mich die Ärzte daran, dass die Zahl von Hannahs weißen Blutkörperchen beinahe gegen

Null gehen müsse, bevor man die Chemotherapie beenden dürfe, und dass sie umso kränker würde, je näher sie diesem Ziel käme. Da begann ich zu beten, sie möge krank werden, krank genug, damit dieser Wahnsinn ein Ende hätte.

Als dann das Licht in ihren Augen schon fast verloschen war, nahm man die Chemotherapiebeutel ab und ersetzte sie durch Beutel, die ihr eigenes Knochenmark enthielten, das ihr im Vorfeld entnommen worden war. Es strömte jetzt durch den Broviac-Katheter in ihre Venen. Das Zimmer füllte sich mit einem ekelerregenden Gestank, den Hannahs fiebernder Körper ausschwitzte, eine Kombination aus Chemotherapiegiften und Knochenmarks-Konservierungsmitteln. Ein Gestank, der sich in meine Lunge und meine Nase regelrecht einbrannte. Bei jedem Atemzug drohte mir schlecht zu werden. Jetzt wusste ich auch, wonach es im Tal des Todes riecht: nach vergorenem Tomatensaft.

Seit Tagen lag Hannah totenstill in ihrem Bett, zu schwach, um auch nur ein wenig Wasser mit einem Strohhalm zu trinken. Die Schwestern entnahmen ihr alle vier Stunden eine Blutprobe, um zu kontrollieren, ob sich ihre weißen Blutkörperchen wieder vermehrten. Jedes Mal hielt ich den Atem an. Als sich Hannahs Zellen nach und nach wieder zu erholen begannen, betete ich erst, sie möge bis Weihnachten überleben und dann, dass ihre Werte gut genug wären, um Besuch zu haben. Es war ein Wettlauf mit der Zeit. Eine Woche lang stieg die Zahl der weißen Blutkörperchen stetig an, doch dann, drei, vier Tage vor Weihnachten, blieb sie unverändert, ging zurück und rührte sich nicht mehr von der Stelle. Zwei Tage vor Weihnachten entnahm die Schwester Hannah noch eine Blutprobe, die eigentlich gar nicht vorgesehen war. Wir hofften das Beste … und ihre Mühe hatte sich gelohnt. Wir fühlten uns, als hätte hier irgendjemand im Lotto gewonnen; Ärzte, Schwestern, ja sogar das Putzpersonal – alle hatten an unser Fenster geklopft und den Daumen hoch gehalten.

Jetzt sah Hannah einfach zum Anbeißen aus, wie sie da auf dem Bett kniete vor dem Puppenhaus, das ihr der Weihnachtsmann gebracht hatte. Ein Haarband aus Spitze schmückte ihren kahlen Kopf, und dazu trug sie ein neues elfenbeinfarbenes Satinkleidchen, das perfekt zu einer Brautjungfer der Mafia gepasst hätte. Und genau deshalb liebte sie es.

Gestern, an Heiligabend, war Claude zu Besuch gekommen, damit ich weg konnte, noch schnell ein paar Weihnachtseinkäufe erledigen. Seit drei Wochen verließ ich das Krankenhaus zum ersten Mal. Als ich schließlich in einem der Geschäfte stand und das Mafia-Weihnachtskleid in die Höhe hielt, fiel ich einer Frau auf, die gerade die Ständer mit den Hosen für Jungen durchging.

»Überlegen Sie sich das Kleid zu kaufen?«, fragte sie.

»Ja schon, aber es ist ziemlich teuer«, antwortete ich einfältig.

Die Frau lächelte. »Ich habe drei Jungen«, sagte sie. Und mit Nachdruck: »KAUFEN SIE DIESES KLEID!!«

Jetzt, wo ich Hannah darin sah, war ich froh darüber. Seit zweieinhalb Wochen trug sie das erste Mal etwas anderes als den Krankenhauskittel. Sie hatte sogar nach den Schwestern geklingelt, damit sie mal gucken kämen. Verglichen mit dem Bild, das sie noch wenige Tage zuvor abgegeben hatte, sah sie direkt fantastisch aus. Obwohl ihre Arme und Beine wegen der vielen Infusionen geschwollen waren und ihre Augen trübe und schläfrig, konnte sie schon wieder sitzen. Ihre Haut war nicht mehr so gelb, und der Schorf hatte sich zurückgebildet.

Claude, Will und ich strahlten uns hinter unserem Mundschutz an. Alle drei trugen wir Plastikhauben, langärmelige Krankenhauskittel und Gummihandschuhe, wir hatten Plastiküberschuhe an den Füßen und einen Mundschutz vor dem Gesicht, der ständig verrutschte, egal wie erfinderisch wir ihn am Hinterkopf vertäuten. Hannah nannte diese Montur »Weltraumanzug«. Alle bis auf sie mussten einen anziehen. Diese Kleidung und die Quarantäne dienten dazu, sie vor Keimen zu schützen. Ihr Immunsystem war immer noch so schwach, dass die kleinste Infektion sie umbringen konnte.

Es war einfach herrlich, wieder vereint zu sein, ich hätte platzen können vor Glück. Was uns vor einem Monat noch ganz selbstverständlich erschienen wäre, kam uns heute wie ein Wunder vor, das dem der Auferstehung in nichts nachstand. Claude schien genau dasselbe zu empfinden. Er hüpfte vor und zurück, drückte den Auslöser seiner Kamera und machte Fotos.

»Ich kann es gar nicht erwarten, überall herumzuzeigen, wie gut sie aussieht«, sagte er.

»Hey, ihr beiden«, sagte ich zu Will und Hannah. »Papi und ich haben euch was zu erzählen.«

Die beiden sahen auf. Claude griff nach meiner Hand und drückte sie.

»Wir werden ein neues Baby bekommen.«

»Wann?«, riefen Will und Hannah im Chor.

»Im Juli«, sagte Claude.

Die beiden quietschten aufgeregt und umarmten sich.

»Wow«, sagte Will. »Das ist das beste Weihnachtsgeschenk überhaupt. Na, Hannah, was meinst du, wäre es nicht cool, wenn es ein Junge würde?«

Hannah runzelte die Stirn. »Ich glaub nicht, dass das funktionieren wird, Will«, sagte sie. »Ich möchte, dass es Dornröschen heißt, also *muss* es ein Mädchen werden.«

»Na, wenn es Dornröschen heißt, hoffe ich allerdings auch, dass es ein Mädchen wird«, sagte Will.

Während Claude fortfuhr, Fotos zu machen, sog ich all das Glück in diesem Raum in mich auf. Das, was wir hier miteinander teilten, kann kein Hochglanzbild einfangen. Solches Glück muss nicht dokumentiert werden: Es hat einen festen Platz in unseren Herzen.

Kommunion bei Dr. Tomatenkopf

Ungefähr eine Woche nach Weihnachten betrat der behandelnde Arzt das Zimmer. Er hatte große Neuigkeiten.

»Heute Abend darfst du essen, was du willst, Hannah-Banana«, sagte Dr. Tomatenkopf.

Dr. Tomatenkopf hieß eigentlich Dr. Brockstein. Nachdem er sie stets mit Hannah-Banana anredete, hatte Hannah darauf bestanden, ihn Dr. Tomatenkopf zu nennen.

Er schien hoch erfreut über sein großzügiges Angebot. Hannah musterte ihn nachdenklich. Sie trug ihr Weihnachtskleid und ihre roten Schuhe.

»Ehrenwort, Hannah«, sagte er. »Dein Körper hat Schwerstarbeit geleistet, um dich soweit zu kriegen, dass du wieder essen darfst. Du kannst dir aussuchen, was du willst.«

Sie verzog das Gesicht und tippte mit einem Finger gegen ihre Schläfe.

»Hmmm ...«, sagte sie und schloss die Augen, um besser überlegen zu können. »Hast du vielleicht ein bisschen altes Brot für mich?«

Der Arzt und ich sahen uns überrascht an.

»Ich glaube schon«, sagte er, »und wenn nicht, dann werden wir dir welches besorgen.«

»Danke«, sagte Hannah und legte ihre gefalteten Hände in den Schoß.

»Ist das *alles*, was du essen willst?«, fragte er.

»Nein, ehrlich gesagt, gibt's da noch etwas«, sagte Hannah. Dr. Tomatenkopfs Gesicht hellte sich erleichtert auf.

»Ich hätte gern etwas Grapefruitsaft, bitte.«

»Und sonst nichts, ganz sicher?«, fragte er verwirrt und zog die Brauen hoch. »Du könntest Pizza haben, Eis, Schokoladenplätzchen … einfach *alles*!«

Hannah starrte ihn an, sie war mittlerweile ein wenig genervt.

»Ich will Brot und Grapefruitsaft«, sagte sie und hob erschöpft die Hände. »*Wie bei der Kinderkommunion*«, fügte sie noch hinzu, als sei das sonnenklar und als habe sie es hier mit einem Haufen Idioten zu tun.

Sie drehte sich zu mir. »Mami, hilfst du mir das Kleid auszuziehen? Ich will es nicht mit Saft bekleckern.«

Zehn Minuten später sahen Dr. Tomatenkopf, zwei Schwestern und ich dabei zu, wie Hannah sorgfältig und nachdenklich das Brot brach und jedes Stück einzeln in das Glas Grapefruitsaft tauchte, bevor sie es in den Mund steckte. Sie kaute und schluckte völlig in Gedanken versunken und starrte dann still in die Dämmerung draußen vor dem Fenster. Ich hätte vor ihr auf die Knie fallen und ihr die Füße küssen mögen.

Zwei Stunden später klingelte sie nach den Schwestern und bat um ein paar Tomatenscheiben mit Senf.

Seine Meinung ändern,
seine Einstellung ändern

❧

Hannah war mittlerweile vollständig kahl. Seit nunmehr viereinhalb Wochen befanden wir uns auf der Transplantationsstation. Wir hatten beide mehr als genug davon und wollten nur noch nach Hause.

Ich reichte ihr eine rote Plastiktasse mit Apfelsaft.

Sie nahm einen vorsichtigen Schluck.

»Nein, das stimmt so nicht«, sagte sie und gab ihn mir zurück.

Ich traute meinen Ohren kaum. Tag für Tag hatte ich ihr wunschgemäß eingeschenkt: Apfelsaft in die rote Plastiktasse, Milch in die grüne, Pepsi in die gelbe und Wasser in die blaue.

»Das stimmt so nicht«, wiederholte sie und sah mich ungerührt an.

»Was stimmt nicht?«, wollte ich wissen.

»Alles stimmt nicht«, sagte sie.

Am liebsten hätte ich den ganzen Krempel gegen die Wand geworfen. Ich holte tief Luft und zählte langsam bis zehn. Normalerweise war es mir ein ganz besonderes Vergnügen, Hannah entscheiden zu lassen, welches Getränk sie aus welcher Tasse trinken wollte. Und wenn andere fanden, ich würde sie zu sehr verwöhnen, dann war das deren Problem. Auf diese Weise gab ich Hannah die Möglichkeit, sich eine gewisse Würde zu bewahren. Sie, die im übertragenen Sinne so vieles schlucken musste, sollte wenigstens das selbst bestimmen dürfen. Doch heute war ich in erster Linie erschöpft und nicht sehr entgegenkommend.

»Hannah, genau so habe ich es auf deinen Wunsch hin die ganzen letzten Tage über gemacht.«

»Ich weiß«, sagte sie und legte ihre gefalteten Hände in den Schoß. »Aber heute«, sie hielt kurz inne und beugte sich vor, zog die Worte in die Länge, als spräche sie mit einem ganz besonders dickköpfigen Kind, »habe ich meine Meinung geändert.«

Meine Erschöpfung schmolz dahin wie Schnee in der Sonne, und ich warf den Kopf in den Nacken und lachte. So wie sie es gesagt hatte, klang es, als sei es für mich völlig neu, dass man seine Meinung ändern kann, auch auf die Gefahr hin, jemanden zu verärgern. Sie hatte Recht, denn es war tatsächlich neu für mich.

Überschwängliche Freude

Jetzt, wo ihre Blutwerte gut genug waren, durfte Hannah endlich ihr Zimmer verlassen. Sie gab sich nicht länger damit zufrieden, langsam herumzuschlendern, was sie jetzt begeisterte, war Geschwindigkeit.

»Lass uns eine Runde Rad fahren«, sagte Hannah.

Wir holten ihr Fahrrad, das unterm Waschbecken im Vorraum geparkt war, und schoben es in die Mitte des Krankenhausflurs. Das Rad war pinkfarben und mit zwei Stützrädern versehen. Die »Wünsch-dir-was«-Stiftung hatte es ihr zu Weihnachten geschenkt. Hannah legte ihre Kuscheldecke in den Korb, der am Lenker befestigt war, und kletterte auf den Sattel. Ich gab ihr einen leichten Schubs. Sie machte ihre Beine so lang sie konnte und trat in die Pedale. Während sie auf dem Linoleum an Fahrt gewann, rannte ich neben ihr her, das Infusionsgestell in der Hand. Das Fahrrad schlingerte gefährlich hin und her, während die am Lenker befestigten Luftschlangen im Fahrtwind flatterten.

»Halt dich fest, Hannah!«, schrie ich, als sie beide Hände vom Lenker nahm, um den Schwestern auf ihrer Station zuzuwinken, die lachten und zurückwinkten, während wir an ihnen vorbeisausten.

»Deine arme Mama kommt ja kaum noch hinterher, Hannah!«, rief eine von ihnen.

Hannah warf den Kopf in den Nacken und lachte. Ich stimmte in ihr Gelächter mit ein. Die Freude darüber, sie so glücklich zu sehen, war grenzenlos.

»Pass auf, wo du hinläufst!«, rief sie, als wir bei den Aufzügen um die Ecke bogen. Sie bremste scharf und sprang vom Rad, um die Richtung zu wechseln. Während ich die Schläuche für den Rückweg entwirrte, bemerkte ich eine Gruppe weinender Menschen vor einem nur selten belegten Zimmer am Ende des Flurs.

»Was ist denn da los?«, fragte ich eine Schwester, die sich gerade erst aus der Gruppe gelöst hatte und mir entgegenkam.

»Der kleine Junge in dem Zimmer wurde heute morgen von einem Auto angefahren. Er ist gerade gestorben«, sagte sie leise.

Ich fühlte mich, als hätte mir jemand einen Magenschwinger versetzt, gleichzeitig war ich auf eine Art und Weise froh, die ich niemals zugegeben hätte. Es war für mich völlig unvorstellbar, Hannah so ganz ohne Vorwarnung zu verlieren, ohne sie oder mich auf das, was uns erwartete, irgendwie vorbereiten zu können, ohne die kleinste Chance, jeden uns noch verbleibenden Moment voll und ganz auszukosten. Hatten die Eltern dieses Jungen überhaupt noch Gelegenheit gehabt, sich von ihm zu verabschieden?

Egal, wie hart und beängstigend die Zeit seit Hannahs Diagnose gewesen war – ich empfand Dankbarkeit für jeden Augenblick, den ich mit ihr geteilt hatte. Selbst in der größten Dunkelheit hatte ich immer noch irgendwo ein Lichtlein blinken sehen. In diesem Moment begriff ich, dass Zeit ein ganz simples und doch sehr kostbares Geschenk ist – Zeit, in vollen Zügen zu genießen, Zeit, sich zu erinnern, und Zeit, sich zu verabschieden.

Schwester Katie und
die Einladung zum Tee

In der ersten Januarwoche durften Hannah und ich nach Hause. Schon eine Woche später besuchte sie wieder den Kindergarten. Sie trug ihr Weihnachtskleid und dazu einen schwarzen Samthut mit pinkfarbenem Band, der ihr ständig vom kahlen Kopf rutschte und den Mundschutz gleich mitriss. Ihre Freunde im Kindergarten waren wegen dem Kleid völlig aus dem Häuschen und schienen ihr fehlendes Haar kaum zu bemerken.

Auch heute trug Hannah wieder ihr Weihnachtskleid, denn heute, so hatte sie mir erklärt, »ist ein *ganz, ganz, ganz* besonderer Tag.« Schwester Katie sollte zum Tee kommen.

Katie war eine von Hannahs Lieblingsschwestern, und sie arbeitete in der Klinik, in der man Hannah operiert hatte. Sie war Anfang zwanzig, gerade einmal 1 Meter 50 groß, hatte kurz geschnittenes, dunkles Haar und fröhliche Augen. Wenn sie bei Hannah war, dann ließ sie sich von nichts ablenken. Sie schien sich wirklich um Hannah zu sorgen, und auch wenn sie viel zu tun hatte, verlor sie nie die Geduld.

Jedes Mal, wenn Katie den Raum betrat, pflegten die beiden folgendes Spiel zu spielen:

»Kann ich irgendetwas für Sie tun, Fräulein Hannah?«, fragte Katie mit todernster Miene.

Daraufhin grinste Hannah und legte die gefalteten Hände in ihren Schoß.

»Ja, allerdings«, sagte sie dann und konnte ihren Satz vor lauter Lachen kaum zu Ende führen. »Schwester Katie, wie wär's mit Salati?«

Worauf Katie sich zu Hannah hinunterbeugte und feierlich verkündete, »Tut mir leid, die Salatis aßen schon die Katies, aber es gibt noch eine Banana für Fräulein Hannah.«

Jetzt wollte Hannah höchstpersönlich den Tisch für Katie decken. Langsam und sorgfältig trug sie eine bunte Mischung von Tassen und Tellern aus der Küche zum Couchtisch im Wohnzimmer. Sie arrangierte das Geschirr in einem schiefen Kreis und stellte eine Vase ihres Barbie-Geschirr-Sets mit einer weißen Plastikblume in die Tischmitte. Drei Servietten, die noch von ihrem Geburtstagsfest übrig geblieben waren, eine mit Winnie-the-Pooh-Motiv und zwei mit der Kleinen Meerjungfrau darauf, wurden durch ein weiteres Exemplar mit der Aufschrift »Frohes neues Jahr« ergänzt und dann alle der Reihe nach ausgelegt, »damit wir die Bilder sehen können«, so Hannah.

Sie hatte beschlossen, die »Erwachsenen-Teekanne« zu benutzen. Ihre Barbie-Kanne enthielt mittlerweile eine beachtliche Sammlung Pflaster. Da wir so viele benutzten, waren wir zu regelrechten Sammlern geworden. Wir kauften alle bis auf die »normalen« und besaßen nun Schachteln voll mit Pflastern in jeder nur erdenklichen Farbe, Größe und Gestalt.

Während ich Hannah dabei beobachtete, wie sie die diversen Gegenstände hin und her schob, musste ich mich zurückhalten, sie nicht mit Ratschlägen zu überschütten. Das fiel mir ziemlich schwer. Tief in meinem Innern war ich mit allem überkritisch und wollte meiner Umgebung und gerade meinen Kindern zeigen, wie etwas zu sein hatte.

Hannah lächelte, summte vor sich hin und trat immer wieder einen Schritt zurück, um ihr Werk zu bewundern. Sie hatte keine Eile und schien sich überhaupt nicht darum zu kümmern, wie so ein Teetisch normalerweise auszusehen hat. Ich beobachtete sie schweigend, genoss die Freude, die sie dabei empfand, und die Sorgfalt, mit der sie zu Werke ging. Ich wünschte, ich könnte *meinen* Alltag mit derselben Hingabe bewältigen, aus purer Lebensfreude heraus, ohne mir groß Gedanken darüber zu machen, was wohl andere dazu sagten.

Freude, so wurde mir in diesem Moment bewusst, kümmert sich nicht darum, ob etwas unordentlich oder unpassend ist oder ob man dafür geliebt wird oder nicht. Wenn ich wirklich ein erfüllteres Leben führen wollte, dann musste ich meinen Perfektionismus, den ich nicht nur von mir selbst, sondern auch von anderen forderte, ablegen.

Jubel im Jeep

Ich hatte alle Gardinen abgenommen und die Fenster weit aufgerissen, auf dass eine frische Frühlingsbrise die abgestandene Winterluft aus dem Haus blasen würde. Claude war draußen im Garten, er rechte und säte. Will und Hannah halfen mir bei der Behandlung der Möbel mit Zitronenölpolitur. Wir waren gerade mit dem Erdgeschoss fertig geworden und widmeten uns Wills Zimmer, als ich hörte, wie ein Wagen in unsere Auffahrt fuhr und dabei laut hupte. Ich musste gar nicht erst nachsehen, um zu wissen, wer das war. Auch die Kinder wussten sofort Bescheid.

»Pastorin LJ«, kreischten sie und rannten zum Fenster.

Ich hörte Laurajanes Lachen und trat gerade noch rechtzeitig ans Fenster, um zu sehen, wie sie uns Kusshände aus ihrem knallroten Jeep ohne Verdeck zuwarf.

»Hey, der sieht aber cool aus«, sagte Will und lehnte sich gefährlich weit aus dem Fenster.

»Der *ist* cool.« Laurajane lachte. Sie nahm ihre Kappe ab. »Hey, was habt ihr heute vor, Leute? Lust auf eine kleine Ausfahrt?«

»Wir sind gerade beim Hausputz«, sagte Hannah und hielt ihr Staubtuch in die Höhe, damit Laurajane es sehen konnte.

»*Hausputz???*«, kreischte Laurajane und Will und Hannah lachten. »Sagt eurer Mami, dass Hausputz an einem so wunderschönen Tag wie heute verboten ist. Kommt sofort her ihr beiden, am Besten, ihr bringt eure Mami auch gleich mit!«

Sofort ließen Will und Hannah ihre Tücher fallen, sausten die Treppe hinunter und warfen sich in Laurajanes Arme. Sie schmatzte jedem einen Kuss auf die Backe, hob sie in den Jeep und schnallte sie an. Als wir vier schließlich rückwärts aus der Ausfahrt fuhren, drückte Laurajane fest auf die Hupe. Claude hielt kurz in seiner Gartenarbeit inne, grinste und winkte uns zu.

Die Sonne stand hoch am Himmel und wärmte unsere Gesichter. Laurajane gab Gas.

»Schneller!«, kreischte Hannah vom Rücksitz aus, als der Fahrtwind schon über über die Rücksitze fegte.

Laurajane und ich warfen uns einen kurzen Blick zu und grinsten. Unsere Augen strahlten um die Wette. Laurajane drückte aufs Gaspedal. Der Jeep schoss nach vorn. Wir alle jubelten. So viel Spaß hatte ich schon lange nicht mehr gehabt.

»Hey, Mami!«, schrie Hannah. »Ich kann den Wind in meinem Haar spüren!«

Ich fuhr herum, um nachzusehen. In der hellen Sonne konnte ich es das erste Mal sehen: Hannas Glatze war wieder mit einem zarten Flaum bedeckt, und der Fahrtwind hatte jedes einzelne Härchen aufgestellt. Hannah fuhr sich mit den Händen über die Kopfhaut.

»Ich habe Haare«, schrie sie. »Ich habe Haare!«

»Juhu!«, schrie Will begeistert, lehnte sich zu ihr hinüber und umarmte sie.

Ich begann zu weinen, Laurajane ebenfalls.

Ich formte die Worte »Danke, danke.«

Sie griff zu mir herüber und drückte meine Hand. Als wir um die Kurve bogen, kreischte Hannah erneut.

»Pastorin LJ, Mami. Hier werd ich einmal wohnen!«

Ich sah, wohin sie zeigte. An der Ecke stand ein Haus im knalligsten Pink, das ich je gesehen hatte; jeder Millimeter davon war pink angestrichen, selbst der Zaun.

»Wahnsinn, Hannah«, schrie Will. »Das Haus ist ja total pink!«

Hannah kicherte und schrie in sein Ohr. »Und außerdem werd ich noch ein pinkes Cabrio fahren.«

Will schüttelte den Kopf und verdrehte die Augen.

»Mädchen!«, sagte er.

Nichts Besonderes

Der Sonnenuntergang färbte den Himmel rot. Ein warmer Frühlingstag ging zu Ende. Es roch nach Erde. Claude und ich gingen Hand in Hand spazieren, während Will und Hannah vorausliefen. Ich war jetzt im sechsten Monat schwanger und konnte spüren, wie sich das Baby zum Rhythmus meiner Schritte bewegte.

Wills Freund David spielte in der Auffahrt seines Hauses mit seinem Vater Basketball. Alan und Claude trainierten eine kleine Mannschaft und trafen sich manchmal Dienstag abends mit anderen Vätern spontan zu einem gemeinsamen Spiel. Davids kleiner Bruder Michael, der nur wenige Monate älter war als Hannah, saß im Vorgarten und stocherte mit einem Ast im Matsch herum.

Will formte mit seinen Händen einen Trichter und rief David etwas zu. Der grinste und warf ihm einen langen Pass zu. Will fing den Ball, dribbelte zum Korb, warf und traf daneben. Hannah hatte sich mittlerweile selbst einen Ast gesucht und leistete Michael, der noch immer im Matsch spielte, Gesellschaft.

Inzwischen hatte Alan auch Claude und mich entdeckt und winkte uns zu. Bis Claude und ich schließlich neben ihm standen, wirbelte Alan um die beiden Jungs herum und tat so, als träfe er ebenfalls daneben.

»Ich brauche deine Hilfe, Kumpel«, rief er.

Claude lachte und spielte mit. Maryann, Alans Frau, steckte den Kopf aus der Haustür.

»Ich hab mich schon gewundert, was hier los ist«, sagte sie grinsend.

Sie winkte mich zu sich heran und bedeutete mir, mich neben sie auf die Stufen zu setzen.

»Hey, Michael«, rief sie, »was treibt ihr denn da?«

»Wir suchen Käfer«, sagte Hannah.

»Und Würmer«, fügte Michael hinzu.

»Ja, und Würmer«, sagte Hannah.

»Oh, na toll«, sagte Maryann und verdrehte die Augen. »Ich denke, ihr beide müsst heute Abend noch mal in die Badewanne.«

Und genau in diesem Moment geschah es. Es war etwas so Wunderbares und Außerordentliches – hätte ich es nicht selbst erlebt, ich würde es nicht glauben. *Ich vergaß, dass Hannah krank war!*

Und dieser Vorgang wurde mir nicht einmal bewusst. Es war, als gingen mich Krebs, Chemotherapie und Tod auf einmal nichts mehr an, als hätte ich Angst und Sorgen weit hinter mir gelassen. Hannah spielte im Dreck und ich besuchte eine Freundin. Etwas völlig Alltägliches, nichts Besonderes.

Schon einen Augenblick später fiel mir alles wieder ein. Und trotzdem, irgendetwas fühlte sich anders an. Auch wenn ich wieder wusste, dass Hannah krank war – ein wenig von dieser Ruhe blieb mir.

Später saß ich auf unserer Veranda, ließ den Rest dieser friedlichen Stille auf mich wirken und starrte in die dunkle Nacht hinaus. Als Erstes fielen mir die Nachtfalter auf, die sich mit ihren staubigen Körpern gegen die Glühbirne der Außenlaterne warfen, dann die Fledermäuse, die mit bemerkenswerter Präzision an mir vorbei segelten; hinter den Fledermäusen der Mond mit seinem großen, gleichmäßig leuchtenden Gesicht und schließlich, vor einem Teppich aus unzähligen Sternen, das Glitzern und Kreisen der Planeten und ihrer Galaxien. Dieser Nachthimmel war ein

Sinnbild meines Lebens, jede Schicht eine Ebene meiner Erfahrung. Keines seiner Elemente war bedeutender oder unbedeutender, besser oder schlechter als die anderen, alle waren sie Teil eines großen Ganzen.

Während ich in diese Nacht hinaussah, fühlte ich die Gegenwart einer große Macht. Ich wusste, dass dieser stille Friede, der sich über mich gesenkt hatte, Gott war.

Feiern

Ich hörte, wie Hannah die Treppe hochstapfte. Ich öffnete die Augen und streckte mich. Es war Zeit aufzustehen. Ich hörte, wie die Dusche lief; Claude hatte es geschafft aufzustehen, ohne mich zu wecken – wirklich bemerkenswert.

Die Schlafzimmertür wurde aufgerissen.

»Mami«, rief Hannah, »Fühlt es sich heute nicht herrlich an, am Leben zu sein?« Mit der pinkfarbenen Schmusedecke im Schlepptau war sie auf der Schwelle stehen geblieben und strahlte über das ganze Gesicht. Ihren Kopf umgaben millimeterlange feine blonde Stacheln, die nach allen Seiten hin abstanden. Sie hatte volle, rosige Wangen. Zum ersten Mal fiel mir auf, dass der Saum ihres Nachthemds nicht mehr über den Boden schleifte. Dort, wo er auf ihre Füße fiel, konnte ich kleine rosa schimmernde Zehennägel erkennen. Als ich sie anlächelte, ließ sie Decke und Türklinke los, lief quer durchs Zimmer und warf sich aufs Bett. Sie krabbelte auf mich zu, wühlte sich unter der Decke durch und presste ihren Kopf in meine Halsbeuge.

»Ja, Hannah«, sagte ich und drückte meine Nase in ihre Stoppelhaare.

»Es fühlt sich *wirklich* herrlich an, am Leben zu sein.«

*

Freude, das ist der magische, friedvolle Augenblick, der sich jeden Moment herabsenken kann, der über uns kommt, wenn wir bereit sind, uns ihm zu öffnen. Freude ist die Erfahrung, anderen etwas zu geben, ein erfülltes Leben zu leben, ohne im Gegenzug irgendetwas dafür zu verlangen. Freude unterwirft sich keinen Regeln, sie bleibt unberechenbar, sie stört sich nicht daran, unvollkommen zu sein, sie fürchtet sich nicht davor, Fehler zu begehen, und überrascht uns noch in der größten Finsternis.

GLAUBE

Nicht mein Wille, sondern dein Wille geschehe

»*Jedes Mal, wenn wir beten ›dein Wille geschehe‹,
sollten wir an alles Unglück dieser Welt
auf einmal denken.*«

Simone Weil

Dein (und mein) Wille geschehe

Es war ein herrlicher Frühlingstag, eine Woche vor Ostern. Hannah und ich hatten beschlossen, zu Fuß zur Kirche zu gehen. Will war mit dem Fahrrad schon vorausgefahren und Claude, der verschlafen hatte, wollte später dazustoßen. Hannah und ich liefen Hand in Hand. Blumenzwiebeln und Knospen, die den ganzen Winter über geschlummert hatten, explodierten zu neuem Leben. Ein Magnolienbaum erregte meine ganz besondere Aufmerksamkeit. Er war größer als die beiden daneben stehenden Häuser; seine Äste, über und über mit lila-weißen Blüten bedeckt, ragten zum Himmel empor, in die Unendlichkeit.

»Mami«, sagte Hannah und zeigte auf sie, »Solche Blumen will ich bei meiner Hochzeit haben!«

»Sie sind wunderschön, Hannah«, sagte ich und sandte ein Stoßgebet gen Himmel, ihr Wunsch möge sich erfüllen. »Wen willst du denn heiraten?«

»Papi natürlich, du Dummerchen.« Hannah lachte.

In jenen Tagen sah Hannah einfach viel zu gesund aus, um krank zu sein. Sie hatte ihr erstes Paar roter Schuhe bereits durchgelaufen, und als wir es nachkaufen gingen, brauchte sie schon eine halbe Nummer größer. Dreieinhalb Monate lag ihre Knochenmarktransplantation nunmehr zurück, dreieinhalb Monate, in denen sich unser Leben beinahe wieder normalisiert hatte. Ich wünschte mir aus ganzem Herzen, es würde so bleiben, aber ich konnte die Ungewissheit förmlich riechen. Dr. Kamalaker hatte für die kommende Woche eine Röntgenkontrolluntersuchung und eine Computertomographie angesetzt.

Den ganzen Gottesdienst über starrte ich auf das große Kreuz, das hinter Laurajane von der Decke hing. Noch nie hatte ich Ostern so bewusst gefeiert, war der Geschichte von der Auferstehung so aufmerksam gefolgt. Wenn Gott Jesus von den Toten auferstehen lassen konnte, dann konnte er auch Hannah retten, oder etwa nicht?

Und wenn er das konnte, worauf wartete er dann noch?

»Dein Wille geschehe«, betete ich aus tiefstem Herzen, auch wenn mir sehr wohl bewusst war, dass ich wünschte, sein Wille möge auch mein Wille sein.

Sag ja

Claudes Schnarchen drang aus Hannahs Zimmer. Beim Vorlesen der Gute-Nacht-Geschichte waren sie beide eingeschlafen. Will wartete schon darauf, von mir zugedeckt zu werden, und ich wusste auch, warum.

Es war kaum eine Woche her, da hatte Dr. Kamalaker ein Röntgenbild an den Leuchtkasten geklemmt und auf die Stelle gedeutet, wo der Krebs Metastasen gebildet hatte. Damals, als Hannah die Knochenmarktransplantation bekam, hatten Claude und ich uns geschworen, ihr keine Behandlung mehr zuzumuten, aber heute baten wir Dr. Kamalaker umgehend um einen neuen Operationstermin.

Noch am Morgen hatte Claude Hannahs und meinen Koffer in den Kombi geladen, um uns damit zum Krankenhaus zu fahren. Ich hatte Will zu seinem Freund Jeff nach Hause begleitet, ihm einen Abschiedskuss gegeben und ihn daran erinnert, dass ihn Lili nach der Schule abholen würde. Aber nach Schulschluss hatte keine Lili auf ihn gewartet, stattdessen waren Claude, Hannah und ich da gewesen.

Jetzt, wo Will seine Sammlung Stofftiere auf das andere Bett räumte, um mir Platz zu machen, konnte ich sehen, dass er geweint hatte. Ich bettete meinen schwangeren Bauch neben ihn und nahm ihn in die Arme.

»Oh, Muffin«, sagte ich, küsste seinen Scheitel und atmete seinen Kleine-Jungen-Duft.

»Mami«, sagte er mit erstickter Stimme, während er seinen Kopf an meiner Brust vergrub, »warum haben die Ärzte Hannah nicht operiert?«

Einerseits fürchtete ich nichts so sehr wie dieses Gespräch, andererseits wusste ich, dass Will mir vertraute und eine ehrliche Antwort erwartete. Deshalb sollte er die Wahrheit erfahren.

»Nun«, sagte ich und wählte meine Worte vorsichtig, »diesmal sitzt Hannahs Geschwür woanders, nämlich ganz in der Nähe der Wirbelsäule. Außerdem hat es sich um mehrere wichtige Blutgefäße gewickelt. Die Ärzte können es nicht entfernen.«

»Aber Mami«, weinte Will und hob den Kopf, um mich anzusehen, »können sie denn nicht wenigstens ein Stück davon rausnehmen?« Er hielt inne. »Denn wenn nicht«, sagte er langsam und mit Nachdruck, »dann wird Hannah doch sterben.«

Meine Augen füllten sich mit Tränen. Ich holte tief Luft und drängte sie zurück. Ich wollte Wills Schmerz teilen und ihn nicht noch mit meinem eigenen belasten.

»Die Sache ist die, Will«, sagte ich und bahnte mir mühsam einen Weg durch die Dunkelheit, die mich zu verschlingen drohte, »die Ärzte sind der Ansicht, dass Hannah nur noch wenige Monate zu leben hat – ganz egal, was wir tun. Nur, dass Hannah, wenn wir sie operieren und ihr einen Teil des Geschwürs entfernen, wesentlich mehr leiden muss, als wenn wir gar nichts tun.«

Will schlang seine Arme um meinen Hals und schluchzte. Mein Herz schien in seinen Tränenfluten zu versinken. Wut stieg in mir auf. Reichte es Gott denn nicht, Hannah sterben zu lassen? Musste er dem gerade mal sechsjährigen Will auch noch seine kindlichen Unbeschwertheit rauben?

Will hatte immer schon viel reifer gewirkt als andere Kinder seines Alters, aber jetzt hätte ich alles dafür gegeben, ihn nicht so belasten zu müssen. Als Hannah vor einigen Monaten das erste Mal erkrankt war, hatte ich ihm ein leeres Heft gegeben und ihn dazu ermutigt, dort etwas hinein zu zeichnen, seinen Gefühlen Luft zu machen. Lange Zeit hatte er es gar nicht angerührt. Doch neulich hatte er mir einige seiner Bilder gezeigt. Die ersten Eintragungen waren komplizierte Zeichnungen von verwundeten beziehungsweise blutenden Baseballspielern oder Indianern, aber kurz vor Ostern hatte er ein reich verziertes Kreuz gemalt, das neben einer Art Gedenkstätte stand, auf der die amerikanische Flagge wehte. Darunter hatte er fein säuberlich Hannahs Namen geschrieben.

»Es tut mir so leid, Will«, sagte ich, als ich endlich wieder Worte fand. »Ich wünschte, ich könnte dir etwas anderes sagen, aber ich denke, du solltest die Wahrheit wissen. So hast auch du die Möglichkeit, die Zeit, die uns mit Hannah noch bleibt, zu genießen.«

»Das ist einfach nicht fair!«, weinte Will und drohte mit der Faust. »Hannah wünscht sich so sehr, große Schwester zu werden. Wird sie noch lang genug leben, bis das Baby auf die Welt kommt?«

»Das weiß ich nicht, Will«, sagte ich, erstaunt darüber, wie viele Gedanken er sich bereits gemacht hatte. »Ich kann nur beten, dass es so sein wird.«

»Ich *habe* gebetet, Mami«, rief Will, »aber wie kann Gott erwarten, dass wir an ihn glauben, wenn er zulässt, dass Hannah stirbt? Ich hasse ihn, wenn er das tut.«

Ich nickte, bewunderte ihn für seinen Mut, seinen Gefühlen so unverblümt Luft zu machen, schickte jedoch noch schnell ein Gebet hinterher, nur für den Fall. Mein Glaube verließ mich ohnehin schon zusehends, da wollte ich es nicht auch noch riskieren, Gott zu verstimmen.

»Mami, *weiß* Hannah, dass sie sterben wird?«, fragte Will, dessen Schluchzen allmählich verebbte.

»Ich bin mir nicht sicher, aber ich glaube schon«, antwortete ich.

»Ich will nicht, dass ihr irgendjemand was erzählt, sie soll keine Angst bekommen.«

»Das verstehe ich sehr gut, Will«, beruhigte ich ihn, »aber selbst wenn Hannah es jetzt noch nicht weiß – irgendwann wird sie es merken. Wenn sie mich fragt, dann werde ich ihr die Wahrheit sagen müssen. Ich will nicht, dass sie weiß, dass sie sterben muss, aber niemanden hat, mit dem sie darüber reden kann.«

Will ließ meine Worte auf sich wirken. »Ja, ich denke, das ist okay so«, stimmte er mir schließlich zu. »Aber Mami, sobald du merkst, dass Hannah Bescheid weiß – sagst du's mir dann? Ich will, dass sie auch mit mir drüber reden kann.«

»Abgemacht«, sagte ich und drückte ihn ganz fest.

Er schwieg.

»Mami, wo doch alle unsere Omas und Opas noch leben, wen kennt dann Hannah im Himmel eigentlich?«

»Hmmm«, sagte ich und wiegte meinen Kopf nachdenklich hin und her. »Gute Frage.« Ich schwieg. »Na ja, unsere Urgroßeltern sind doch im Himmel, oder?«

»Ja, aber die wird Hannah höchstwahrscheinlich nicht erkennen.«

»Da könntest du Recht haben«, sagte ich so schnell ich konnte. »Aber was meinst du, vielleicht ist ja Bob, unser Kätzchen dort oben?«

Will stütze das Kinn in die Hand und sah ins Leere.

»Ja, Bob wird wahrscheinlich da sein«, sagte er schließlich, »und wenn das stimmt, was in der Bibel steht, dann wird auch Jesus auf sie warten.« Jetzt klang er schon wesentlich skeptischer.

»Und vergiss die Babys nicht, die zu schwach waren, auf die Welt zu kommen, Mami«, sagte er aufgeregt und riss die Augen auf. »Wir haben sie zwar nie kennen gelernt, aber deshalb bleiben sie trotzdem unsere Brüder und Schwestern. Wow, das ist ja *cool*! Hannah wird sie noch vor uns kennen lernen!«

Er schlang seine Arme um mich.

»Danke, Mami. Jetzt geht's mir schon wieder besser.« Er schwieg einen Augenblick. Ich wartete.

»Weißt du, Mami, ich bin wirklich froh, dass du's mir gesagt hast«, sagte er schließlich. »Du weißt ja, dass Hannah so gern in meinem zweiten Bett schläft. Normalerweise sag ich immer nein, aber jetzt werd ich ihr alles erlauben, worum sie mich bittet.«

Wunder heucheln

Claude, Will, Hannah und ich gingen hinter Laurajane den Mittelgang entlang zu den Stühlen, die in der ersten Reihe für uns reserviert waren. Hannah trug ihr neues rosarotgeblümtes Osterkleid, weiße Strumpfhosen und dazu ihre roten Riemchenlackschuhe. Sie hielt beim Laufen meine Hand und konnte ihre Aufgeregtheit kaum verbergen: Sie wusste, dass dieser Gottesdienst speziell für sie gefeiert wurde. Will, der mit dunkelblauem Jackett, frisch gebügeltem Hemd, Krawatte und Hosen mit strammen Bügelfalten sehr ernst und stattlich wirkte, schritt mit Claude hinterher. Seine Mecki-Frisur war herausgewachsen, und obwohl sein Haar immer noch sehr kurz war, hatte er eine Ewigkeit vor dem Badezimmerspiegel verbracht, um es zu scheiteln, zu glätten und zu kämmen.

Als wir unsere Plätze erreicht hatten, drehte ich mich zu der versammelten Gemeinde um. Die Kirche war voll, die meisten der Anwesenden kannten wir. Als wir das Gotteshaus betraten, hatte ein respektvolles, neugieriges Raunen den Raum erfüllt, das nun verhallt war. Ich genoss die Aufmerksamkeit. Für mich drehte sich alles nur noch um Hannahs Krebserkrankung, und ich wusste es sehr zu schätzen, dass es jetzt anderen Menschen, wenn auch nur in diesem Moment, ebenso erging. Die Nachricht von Hannahs inoperablem Tumor hatte die Gemeinde sehr mitgenommen. Viele Mitglieder hatten sich bei Laurajane erkundigt, wie sie uns helfen könnten, woraufhin ihr die Idee gekommen war, einen Bittgottesdienst für Hannahs Heilung abzuhalten. Doch als sie Claude und mir davon erzählte, war ich zunächst alles andere als begeistert. Ich fand die Vorstellung schön, sich zu versammeln, um sich gegenseitig zu unterstützen, aber mir missfiel das Wort »Heilung«, da es unsere Erwartungen viel zu hoch schrauben würde. »Heilung« ist für mich gleichbedeutend mit Genesung, und ich wollte nicht, dass irgendjemand glaubte, Hannah, Laurajane oder er selbst habe versagt, wenn sie sterben sollte.

Außerdem machte ich mir Sorgen zum Laurajane. Ich hatte Angst, sie könne sich zu sehr unter Druck setzen, ja den Herrgott persönlich herausfordern. Mir fiel unser Gespräch auf der Intensivstation wieder ein, bei dem sie mit Gott gehadert und sich gefragt hatte, ob sie der Aufgabe, ihm zu dienen, überhaupt gewachsen wäre. Ich verabscheute die Vorstellung, sie oder irgendjemand anders könnte Hannah als eine Art Versuchskaninchen für einen persönlichen Gottesbeweis benutzen. Denn Gebete würden Hannah nicht retten, davon war ich überzeugt.

Doch als ich still auf meinem Stuhl saß, war ich von der aufrichtigen Liebe und Zuneigung, die uns entgegenschlug, regelrecht überwältigt. Hätte ich mich nur nicht wie eine Heuchlerin fühlen müssen! Als ich einen Blick auf Claudes geballte Fäuste, seine geschlossenen Augen und sein tränenüberströmtes Gesicht warf, fürchtete ich insgeheim, er könne meine Gedanken lesen und mir vorwerfen, damit all unsere Bemühungen zunichte zu machen. Schlimmer noch, ich hatte Angst, er könnte damit Recht haben. Zum ersten Mal in seinem Leben hatte Claude in der Bibel gelesen und täglich gebetet. Hätte er Hannah dadurch retten können – er hätte seine Seele höchstpersönlich dem Teufel überschrieben. Im Vergleich dazu stand mein Glaube auf mehr als wackeligen Beinen.

Der Organist begann zu spielen, und alle stimmten singend mit ein. Hannah zupfte mich am Ärmel.

»Heb mich hoch, Mom«, sagte sie. »Ich will sehen, wer alles da ist.«

Ich nahm Hannah auf den Schoß und balancierte sie, der all unsere Gebete hier galten, auf meinem dicken Bauch hin und her. Will nahm mir das Gesangsbuch aus der Hand und hielt es so, dass ich mit hineinsehen konnte. Ich lächelte ihn dankbar an.

»Oh, Mami, schau mal«, flüsterte Hannah laut und zeigte über meine Schulter, »da sind Schwester Amy, Dr. Kamalaker, Dr. Edman und Dr. Markoff ... und Mrs. Fisher und Mrs. Forsythe, Jackie, Jeff und ihre Eltern ...«

Sie wand sich hin und her und verdrehte sich, um besser sehen zu können. Laurajane begann mit der Predigt, aber es fiel mir schwer, ihr zuzuhören. Hannah fuhr fort, mir die Namen von allen, die sie erkannte, ins Ohr zu flüstern. Als Laurajane das Vaterunser betete, war Hannah endlich still. Sie wandte sich dem Kreuz zu, faltete die Hände, senkte den Kopf und stimmte mit lauter, klarer Stimme in das Gebet mit ein. Als ich das hörte, war ich unglaublich stolz auf sie und gleichzeitig merkwürdig erleichtert. Wenn Hannah schon sterben musste, dann würde man es ihr sicherlich hoch anrechnen, dass sie das Vaterunser auswendig konnte.

Jetzt waren die Kinder mit Singen dran. Hannah und Will schlossen sich den anderen an, stellten sich zu ihnen auf die Altarstufen und gaben eine mitreißende Version des Gospels »Jesus Loves Me« zum Besten. Will hatte sich stolz, ja beinahe schützend hinter Hannah gestellt und ihr die Hände auf die Schultern gelegt. Ich platzte fast vor Stolz und freute mich, so viele Kinder im Gottesdienst zu sehen. Die Szene passte dazu, dass man Hannahs Krankheit nicht totgeschwiegen hatte, als sei sie etwas, wovor man sich fürchten oder dessen man sich schämen müsse.

Rick, eines der konservativeren Gemeindemitglieder, erhob sich und bat um das Mikrofon. Mir gefror das Lächeln im Gesicht. Alles in mir schlug Alarm. Rick ergriff das Wort.

»Gott kann ein Wunder wirken – hier und jetzt.«

Genau das hatte ich befürchtet. Man missbrauchte unseren Glauben eindeutig, und zwar auf eine geradezu erpresserische Art und Weise. Ich atmete tief durch, um gegen die in mir aufsteigende Panik anzukämpfen, und ließ Ricks Worte auf mich wirken.

»Liebe«, sagte er, »ist der Quell aller Heilung.«

Er gab uns ein Zeichen, zum Altar zu kommen. Hannah sprang von ihrem Stuhl auf. Sie liebte es, im Zentrum der Aufmerksamkeit zu stehen. Will folgte ihr auf dem Fuße, während Claude und ich langsam hinterhergingen. Laurajane hatte ihre Hände auf Hannahs Kopf gelegt. Hannah schloss die Augen. Laurajane sprach eine Fürbitte für Hannahs Heilung und lud Claude, Will und mich ein, mit einzustimmen. Nachdem wir vier unsere Hände auf Hannahs Kopf gelegt hatten, gab Rick der gesamten zweiten Reihe ein Zeichen, ebenfalls nach vorne zu kommen. Sie bildeten einen Kreis um Laurajane, Claude, Will und mich und legten ihre Hände auf unsere Schultern. Nach und nach erhob sich die gesamte Gemeinde und schritt zum Altar vor, Kreis um Kreis wurde gebildet.

Der Tod ist unvermeidlich, aber nicht das Bewusstsein, geliebt zu werden.

Als ich Hannahs strahlendes Gesicht im Zentrum des Kreises sah, erkannte ich, dass es auch eine Heilung ohne Genesung geben kann. Egal, wann Hannah sterben würde, jetzt würde sie es in der Gewissheit tun, dass sie eine Rolle gespielt hatte, dass sie von allen geliebt wurde. Eine umfassendere Heilung kann ich mir nicht vorstellen.

Und das Kalb sprang über den Mond

Ein paar Tage später erreichte uns ein Paket, das an Miss Hannah Martell adressiert war. Es kam aus Colorado. Merkwürdig, soweit ich wusste, kannten wir niemanden in Colorado. Hannah packte es aus.

»Oh, schau mal, Mami«, sagte sie, »ein Kalb, das über den Mond springt!«

Sie hielt eine prächtige gesteppte Decke in Kindergröße in die Höhe, eine überaus aufwändige Handarbeit. Der Stoff war auf der einen Seite cremefarben mit hellrosa Blumen und dunkelgrünem Efeu. Die andere Seite wies ein farbenfrohes Patchwork in Grün, Orange, Lavendel und Pink auf, eingefasst von einer Bordüre, auf der grüne, lila und blaue Kühe über weiße Monde sprangen, die auf einem pinkfarbenen Hintergrund prangten. Jemand hatte unglaublich viel Zeit und Mühe aufgewendet, um dieses kleine Kunstwerk herzustellen. Ich fragte mich, wer das wohl gewesen sein mochte.

Auf dem Grund des Pakets lag ein brauner Umschlag, der eine handgeschriebene Karte und eine Kassette enthielt. Ich überflog die Karte und rannte damit in die Garage, wo Claude gerade einen Ölwechsel bei unserem Auto machte.

»Lies das«, sagte ich atemlos und reichte ihm Karte und Kassette. Er runzelte die Stirn und wischte sich die Hände an einem Handtuch ab. Ich sah zu, wie er die Karte überflog und dann ein zweites Mal langsam durchlas, genau wie ich. Auf halber Strecke begann er zu weinen.

Die Karte stammte von einer von Claudes Cousinen, die er seit Jahren nicht mehr gesehen hatte. Gleich nachdem sie von Hannahs Krankheit erfahren habe, so schrieb sie, habe sie beschlossen, ihr einen Quilt zu nähen. Doch Monat um Monat sei vergangen, ohne dass sie dazu gekommen sei. Sie habe ein furchtbar schlechtes Gewissen gehabt und gar nicht mehr daran geglaubt, den Quilt vor Hannahs Tod überhaupt noch fertig zu bekommen. Dann, so schrieb sie, sei sie vorigen Sonntag in die Kirche gegangen. Kaum sei der Gottesdienst vorüber gewesen, sei eine ältere Dame, die sie vom Sehen her kannte, auf sie zugekommen und habe sie angesprochen.

»Ich weiß, Sie kennen mich nicht«, sagte die ältere Dame und überreichte Claudes Cousine ein Paket. »Doch aus irgendeinem Grund, den ich mir selbst nicht erklären kann, weiß ich, dass ich Ihnen das hier geben muss.«

»Ich nähe Quilts«, fuhr sie fort, »und vor einiger Zeit musste ich diesen hier einfach machen. Er ist für ein kleines Kind gedacht und mehr weiß ich nicht. Noch während ich daran arbeitete, habe ich mich die ganze Zeit gefragt, für wen er wohl sein mag. Ich weiß es *bis heute nicht,* aber als ich letzte Woche den Gottesdienst besuchte, *spürte ich einfach, dass Sie es wissen.«*

Claudes Cousine war in Tränen ausgebrochen. Sie hatte der Frau von Hannah und dem Quilt, den sie ihr schenken wollte, erzählt. Daraufhin hatte die Frau ebenfalls begonnen zu weinen. Die Geschichte war so außergewöhnlich, dass Claudes Cousine nach Hause gegangen war und sie auf Band gesprochen hatte. Die Kassette hatte sie dann dem Quilt beigelegt, »falls man euch nicht glauben sollte, wenn ihr die Geschichte weitererzählt«.

Noch während ich die Kassette in den Händen hielt, spürte ich, dass ich weder mir noch sonst irgendjemandem etwas beweisen musste. Plötzlich verstand ich die Worte, die ich in der Kirche bei Bibellesungen so oft gehört hatte:

»Es ist aber der Glaube eine feste Zuversicht auf das, was man hofft, und ein Nichtzweifeln an dem, was man nicht sieht.«

Der Quilt am Fußende von Hannahs Bett war mir Beweis genug.

Muttertag

Hannah stand im Flur neben dem Tisch aus massiver Eiche, einen Teller Plätzchen in der Hand. Jemand hatte eine ganze Schachtel davon vor unsere Tür gestellt. Sie waren noch lauwarm, frisch aus dem Ofen. Die Kekse waren süß – genau das Richtige für die Einladung zum Tee, die der Kindergarten heute zum Muttertag organisierte. Ich hielt eine Videokamera in der Hand und bannte den Moment auf Film. Mit der Kamera und meinem Tagebuch hatte ich das Auf und Ab von Hannahs Leben im letzten Jahr festgehalten. Hannahs Diagnose und ihre Rückfälle hatten jede Menge Anlass zu Fotos und Tagebucheinträgen gegeben, gefolgt von langen Phasen der Untätigkeit, in denen mich der Alltag so eingelullt hatte, dass ich glaubte, dafür sei immer noch genug Zeit. Jetzt wusste ich, dass dem nicht so war.

Hannah stellte den Teller auf den Tisch und strich mit den Händen über ihr Kleid.

»Wie sehe ich aus, Mami?«, fragte sie.

»Du siehst wunderschön aus, mein Fräulein«, sagte ich.

Ihre Wangen waren rosig und ihre Augen strahlten. Sie hatte so viel im Freien gespielt, dass ihre Haut von der Frühlingssonne richtig braun geworden war. In letzter Zeit hatten Menschen, die uns nicht kannten, wiederholt Hannahs tollen »Haarschnitt« bewundert. Die Haare waren immer noch sehr kurz, aber lang genug, um flach am Kopf anzuliegen, genau wie bei der Fee Klingklang in Disneys *Peter Pan*. Ihr Kleid, das mit kleinen Stiefmütterchen bedruckt war, hatte eine Empire-Taille und einen breiten weißen Spitzenkragen, dazu trug Hannah ein passendes Haarband. Sie lächelte in die Kamera und fasste sich an das Haarband.

»Schau mal, meine Haare und das Haarband«, sagte sie, »und mein Kleid.« Sie strich es auf der Vorderseite glatt. »Und meine Strümpfe und meine roten Schuhe.« Dazu streckte sie ein Bein vor wie eine Ballerina, damit ich auch die Strümpfe auf Film bannen konnte. Dann griff sie nach den Plätzchen.

»Beeil dich, Mami, wir dürfen nicht zu spät zum Tee kommen.«

Ich schaltete die Kamera ab und kniete mich hin, um das Gerät wieder in seiner Verpackung zu verstauen. Hannah kam zu mir, stellte sich neben mich und schlang einen Arm um meinen Hals.

»Du siehst auch wunderschön aus, Mami«, sagte sie.

»Danke, mein Fräulein«, entgegnete ich und drückte sie.

Als ich heute Morgen vor dem Kleiderschrank stand und überlegte, was ich anziehen sollte, war mir plötzlich bewusst geworden, dass das hier einer der letzten Anlässe sein könnte, bei denen ich offiziell als Hannahs Mutter auftrat. Ich dachte an all die Feierlichkeiten und Schulabschlussbälle, die ich nie besuchen, bei denen Hannahs Name niemals aufgerufen würde. Und so beschloss ich, das Beste aus diesem Anlass zu machen. Während Hannah auf der Bettkante saß, streifte ich mir das schönste Umstandskleid über, das ich besaß. Es war aus elfenbein- und apricotfarbener Seide. Ich trug sorgfältig Make-up auf, betupfte meine Handgelenke mit Parfüm und setzte mir einen Hut mit großer weicher Krempe auf: Er war pink. Hannah klatschte Beifall und riss staunend den Mund auf.

»Mami, das sieht ja großartig aus«, flüsterte sie andächtig.

Ich hörte, wie Claude immer zwei Stufen auf einmal nehmend die Treppe hoch kam, er musste zur Arbeit und war schon spät dran. Er steckte seinen Kopf zur Tür herein.

»Ich wollte meinen Mädchen nur noch einen Kuss geben, bevor ich gehe«, sagte er. Dann bemerkte er, wie fein wir uns gemacht hatten, lächelte und pfiff anerkennend.

Hannah quietschte vergnügt und sprang vom Bett.

»Bevor du gehst, musst du noch schnell messen, wie groß ich bin«, sagte sie und hielt sich so gerade wie möglich.

Claude lachte und stellte sich hinter sie, legte seine Hand gerade auf ihren Scheitel und markierte eine Stelle, die kurz oberhalb seiner Gürtelschnalle lag.

»Meine Güte, Fräulein«, rief er aus, als sie sich umdrehte. »Heute gehst du mir schon bis zu meinem Bauchnabel.«

Hannah kicherte und tänzelte vor ihm auf und ab. Es schien ihnen nicht das Geringste auszumachen, dass sie seit Wochen täglich das gleiche Spiel spielten. Es schien, als spüre Hannah Claudes Weigerung, ihren Tod auch nur in Betracht zu ziehen. Die Zeit, die sie zusammen verbrachten, sollte aus Späßen und Herumalbern bestehen.

Als Claude sie hochhob, kicherte Hannah immer noch.

»Ich hab dich lieb, Fräulein«, sagte er sanft.

»Ich dich auch, Papi«, sagte sie.

Als ich mit Hannah Hand in Hand zum Kindergarten lief, war ich überglücklich, ihre Mutter zu sein. Wie sollte ich sie nur jemals loslassen? Trotz meiner anfänglichen Skepsis beim Bittgottesdienst für Hannah und trotz der Gewissheit, dass Hannah sterben würde, hoffte ich immer noch auf ein Wunder. Ich konnte einfach nicht anders. Hoffnung, das begriff ich nun, war ein unerlässlicher Bestandteil des Glaubens. Sie stieg wie selbstverständlich in mir hoch, so als sei sie die Antwort auf alle Angst und Unsicherheit – und das immer wieder, wie ein lebendiges Wesen.

Endlich durchatmen

Hannah hüpfte im Kreis in der Küche herum, während ich das Abendessen zubereitete. Das Küchenfenster über der Spüle stand weit offen und ließ die frische Juniluft herein. Der Suppentopf dampfte auf dem Herd und gaukelte mir mit seinem köstlichen Duft vor, alles sei in bester Ordnung.

Langsam glaubte ich schon, die Ärzte hätten Unrecht. Hannah sah überhaupt nicht krank aus. Sie hatte während der letzten Wochen nicht einmal geniest. Ihr Haar, das letzten Monat bereits am Kopf angelegen hatte, war noch mindestens einen Zentimeter gewachsen und hatte seinen ganz eigenen Willen; Claude bezeichnete es scherzhaft als Mammutwolle, weil es ihr so merkwürdig vom Kopf abstand. Hannah hatte Appetit, nahm zu und wuchs; der Saum ihres »Kleidanzugs« flatterte ihr mittlerweile schon um die Knöchel. Vor ein paar Tagen hatte sie sogar am Sportfest des Kindergartens teilgenommen – weit und breit die einzige Läuferin mit roten Lackschuhen.

Seit Monaten hatte ich das erste Mal wieder so etwas wie ein Privatleben gehabt. Obwohl ich für die Hilfe, die man mir während Hannahs Krankheit entgegengebracht hatte, sehr dankbar war, fühlte ich mich manchmal so, als lebte ich in einem Schaufenster. Freunde und Familienangehörige hatten mein Haus in Ordnung gehalten, die Schränke aufgeräumt und meine schmutzige Unterwäsche gewaschen. Während der Knochenmarktransplantation hatten Claude und ich Hannah keine Sekunde allein lassen wollen und uns daher in dem winzigen Bad, das zu ihrem Krankenzimmer gehörte, im Stehen geliebt.

Und dennoch hatte ich es geschafft, mir eine Art Privatsphäre zu bewahren, indem ich das volle Ausmaß meines Schmerzes vor den anderen verbarg. Am meisten Freude hatte es mir bereitet, besorgte Fragen, wie es mir denn ginge, mit »gut« zu beantworten, auch wenn dem ganz und gar nicht so war. Und obwohl ich wusste, dass ich log, bewahrte es mich davor, mich wie eine klaffende Wunde zu fühlen, die nie zu eitern aufhört. Es war so viel einfacher zu lügen, und die Menschen wirkten danach immer so erleichtert. In letzter Zeit hatte ich ihre Fragen genauso beantwortet, nur dass ich mittlerweile beinahe selbst daran glaubte.

Ich rührte die Suppe um. Plötzlich stellte Hannah ihr Hüpfen ein und fiel hin. Sie hustete ein, zwei, drei Mal, stand wieder auf und räusperte sich. Ich legte den Löffel auf die Anrichte und runzelte misstrauisch die Stirn. Ein Auto hupte, und irgendwo bellte ein Hund. Hannahs paillettenbesetzter Rock schimmerte in der späten Nachmittagssonne. Sie hielt sich die Hand vor den Mund und hustete ein weiteres Mal.

»Ist schon in Ordnung, Mami«, sagte sie schließlich. »Ich hab da nur so was im Hals.«

Ihre roten Schuhe klapperten auf dem Linoleum. Ich beugte mich zu ihr herunter und nahm sie auf den Arm. Sie fühlte sich stark und kräftig an. Ich atmete ihren süßen Duft nach Kirschbonbons und Babyshampoo und vergaß alles um mich herum. Unsere Suppe? Die war inzwischen längst übergekocht.

Omas Versprechen

Meine Mutter und Hannah saßen in Hannahs Zimmer auf dem Boden. Die Kiste mit den Barbiepuppen war umgedreht, Puppen, Kleider und winzige pastellfarbene Schuhe lagen überall verstreut auf dem Teppich herum. Die beiden machten die Barbies für einen Bummel im Barbie-Einkaufszentrum zurecht, das Hannah in einer Zimmerecke aufgebaut hatte. Hannah trug immer noch ihren Badeanzug. Wir hatten den Nachmittag im Schwimmbad verbracht und Will, Opa und Onkel Ben bei ihren diversen Wasserbomben, Kerzen und Kopfsprüngen zugesehen.

Seit Will ein Jahr alt war, hatte er die erste Juliwoche stets mit meinen Eltern auf dem *Cherry Festival* in Traverse City, Michigan, verbracht. Er hatte gebettelt, auch dieses Jahr fahren zu dürfen. Das würde ihm zweifellos gut tun. Claude und ich bemühten uns nach Kräften, ihm genügend Liebe und Aufmerksamkeit zu schenken, aber natürlich kreisten unsere Gedanken die meiste Zeit unübersehbar um Hannah. Mit ihrer Gesundheit ging es jetzt langsam, aber sicher bergab. Jeden Tag ermüdete sie schneller und hustete immer öfter. Ich selbst war ebenfalls erschöpft. Mein Körper war schwer und unförmig – das Baby konnte nun jeden Tag kommen. Während es Hannah und mir genügte, zu kuscheln und zu schlafen, verspürte Will verständlicherweise wesentlich mehr Bewegungsdrang.

Ich hatte mir die Entscheidung nicht leicht gemacht. Ich wollte nicht, dass Will die Geburt unseres Babys verpasste, und natürlich wollte ich unbedingt, dass er bei uns war, wenn Hannah starb. Nachdem uns die Ärzte weder sagen konnten, wann das eine, noch, wann das andere eintreten würde, musste ich mich auf mein Gefühl verlassen. Claude und ich schöpften noch einmal Hoffnung und baten beide Großeltern um Unterstützung. Meine Eltern und mein Bruder Ben hatten sich bereit erklärt, von Michigan nach New Jersey zu fahren, um Will abzuholen, Claudes Eltern würden ihn dann zehn Tage später wieder zurückbringen.

Hanna setzte ihre Puppe vor sich auf den Boden und sah meine Mutter an.

»Versprichst du mir was, Oma?«, fragte Hannah.

»Aber selbstverständlich«, sagte meine Mutter, die sich auf die halbnackte Barbie auf ihrem Schoß konzentrierte.

»Nein, Oma. Ich will, dass du mir was *versprichst*«, sagte Hannah ruhig.

Meine Mutter sah auf. Hannah blickte ihr direkt in die Augen, nachdrücklich und sehr ernst.

»Ja, Hannah«, sagte sie. »Alles, was du willst.«

Hannah schwieg. Meine Mutter wartete.

»Oma«, sagte Hannah schließlich, »Ich will, dass du mir versprichst, dass du mich nie vergessen wirst.«

Die Augen meiner Mutter füllten sich mit Tränen. Hannahs dagegen blieben trocken und ruhten auf ihrer Großmutter, während sie geduldig auf eine Antwort wartete.

»Ich verspreche dir, Hannah, dass ich dich nie vergessen werde«, sagte meine Mutter schließlich.

Lebenszyklen

Kurz vor Sonnenaufgang wachte ich mit Wehen auf und wusste, es war so weit. Ich rief Schwester Katie an, die sich bereit erklärt hatte, bei Hannah zu bleiben, während Claude und ich im Krankenhaus waren. Es machte keinen Sinn, Will anzurufen. Er und seine Großeltern waren bereits auf dem Weg zu uns, würden jedoch auf keinen Fall vor morgen in New Jersey ankommen.

Die Straßen glänzten friedlich im ersten Sonnenlicht. Während Claude alles Nötige ins Auto einlud, schrieb ich Katie Anweisungen für Hannahs Medikamenteneinnahme auf. Vor vier Tagen hatte sie Dr. Kamalaker auf Tylenol mit Codein gesetzt, doch obwohl sie das Mittel alle vier Stunden einnahm, konnte Hannah kaum laufen, so stark waren ihre Schmerzen. Gestern hatten wir Pat, Hannahs Hospiz-Schwester angerufen. Sie würde heute Abend zu uns nach Hause kommen, um uns zu zeigen, wie wir Hannah Morphium verabreichen sollten. Ich konnte nur hoffen, dass es das Baby eilig hatte und wir bis dahin wieder zurück waren.

Hannah wachte genau in dem Moment auf, als Katie kam. Ich gab ihr einen Kuss, während sie auf Katies Schoß krabbelte.

»Ruf mich an, sobald das Baby da ist«, sagte Hannah.

Nach fünf Stunden heftigster Wehen rutschte Margaret Rose, feucht und wimmernd in diese Welt. Sie war wunderschön, wog beinahe acht Pfund, hatte bereits jede Menge Haare, krumme Beinchen, dicke Bäckchen und einen Mund wie eine Rosenknospe. Claude wischte sich mit dem Ärmel seines Hemds über die Augen und konnte nicht aufhören zu lächeln. Als ich mein kleinstes Mädchen im Arm hielt, ihre schlüpfrige Haut auf meiner spürte, war ich einen perfekten Moment lang wunschlos glücklich.

Während die Schwestern Margaret badeten und wickelten, rief Claude Hannah an.

»Gratuliere, Hannah. Jetzt bist du endlich eine große Schwester«, sagte Claude. »Unser Baby heißt Margaret Rose.«

»Oh, toll«, sagte Hannah. »Das klingt fast wie Dornröschen. Okay, sag Margaret, dass Schwester Katie und ich gleich kommen werden.«

»Nein, Hannah«, unterbrach sie Claude, »du brauchst nicht zu kommen. Die Ärzte haben gesagt, dass es Mama und Margaret gut geht, sodass sie noch heute wieder nach Hause dürfen. Du kannst mit Katie zu Hause warten. Wir kommen, so schnell wir können.«

Eine Stunde später, er stand gerade auf der Säuglingsstation und sah der Schwester dabei zu, wie sie Margaret badete und wog, hörte Claude jemanden wie wild gegen die Glasscheibe klopfen. Er sah hoch und entdeckte Hannah in Katies Armen, die wie verrückt grinste und winkte und einen riesengroßen Anstecker trug, auf dem stand »Ich bin eine große Schwester.«

»Ich hab versucht, sie davon abzuhalten, aber sie hat darauf bestanden zu kommen«, sagte Katie. »Hannah hat mir erzählt, dass sie und Will im Kindergarten und in der Schule gelernt hätten, dass es zu den wichtigsten Aufgaben einer großen Schwester oder eines großen Bruders gehört, das Baby im Krankenhaus zu besuchen.«

»Und was ist mit ihren Schmerzen?«, fragte Claude.

»Sie hat gesagt: ›Steck zur Sicherheit die Tabletten ein‹«, entgegnete Katie.

»Ach ja, und noch etwas«, fügte sie hinzu, »Sie haben es

nicht erwähnt, also wissen Sie es vielleicht noch gar nicht, aber Will und seine Großeltern haben angerufen. Sie sind einen Tag früher aus Michigan weggefahren als geplant. Sie werden noch heute Nachmittag ankommen.«

Während ich darauf wartete, entlassen zu werden, raste Claude nach Hause, um Will und seine Eltern zu treffen. Hannah bat, bleiben zu dürfen. Sie nahm eine Dosis Schmerzmittel und schlief auf dem Bett bei Margaret und mir ein.

Es hätte nicht besser kommen können. Ich hielt meine beiden Mädchen im Arm und konnte mein Glück kaum fassen. Mir war deutlich bewusst, dass vieles anders hätte laufen können, und ich war mit meinen Befürchtungen nicht allein gewesen. Als ich zum ersten Mal von meiner neuen Schwangerschaft erzählte, hatten viele nur den Kopf geschüttelt. Nach dem Motto: »Sie sind ja verrückt. Was haben Sie sich nur dabei gedacht?« Höflicher kann man es nicht ausdrücken.

Als die Ärzte Hannah nur noch drei Monate zu leben gaben, dauerte es keine Sekunde, bis mir klar wurde, dass dieses Baby genau dann auf die Welt kommen würde, wenn Hannah höchstwahrscheinlich im Sterben läge. Auf den ersten Blick eine schier unerträgliche Situation. Doch bei der Entscheidung für ein weiteres Kind hatten Claude und ich nicht den Verstand, sondern das Gefühl sprechen lassen. Mir blieb nichts anderes übrig, als darauf zu vertrauen, dass der Gott, der hier seine Finger im Spiel hatte, uns da irgendwie durchhelfen würde.

Jetzt, wo ich auf die Atemzüge meines kleinen Mädchens an meiner einen und auf die meines Babys an meiner anderen Seite lauschte, wusste ich, dass es eine höhere Macht gewesen war, die das ermöglicht hatte: meine beiden Töchter hier in dieser Welt und Will, der rechtzeitig nach Hause gekommen war.

Metamorphose

Ich saß in einem Schaukelstuhl im Schlafzimmer und stillte Margaret, die eine Woche alt war. Will hockte auf dem Boden und starrte aus dem Fenster, ein Bilderbuch über Dinosaurier aufgeschlagen zu seinen Füßen. Hannah lag mehr auf dem Bett, als sie saß, sie hatte einen riesigen Stapel Kissen im Rücken und war mit ihrer pinkfarbenen Schmusedecke zugedeckt. Ihre Augen waren geschlossen, aber ich glaubte nicht, dass sie schlief.

Vor einigen Tagen hatte sie verkündet: »Es tut so weh. Ich will in dem Bett schlafen, dass nach dir und Papi riecht.«

Ihr Tumor wuchs jetzt sehr schnell und war mittlerweile so groß, dass er gegen ihre Rippen und die Wirbelsäule drückte. Obwohl ihr rund um die Uhr eine gleich bleibende Dosis Morphium in den Körper gepumpt wurde, konnte Hannah nicht mehr laufen; sie musste getragen werden. Doch wenn sie nicht gerade auf die Toilette musste, dann schien sie dort, wo sie war, zufrieden zu sein.

Ich war verzweifelt, weil es nichts gab, was ich sonst noch für Hannah hätte tun können. Ich hätte so dringend Informationsmaterial darüber gebraucht, wie ich sie und mich auf den Tod vorbereiten konnte. Pat hatte mir alles gegeben, was sie besaß, aber das Hospiz, für das sie arbeitete, hatte nur selten mit sterbenden Kindern zu tun – die anderen hier ansässigen Hospize genauso wenig. Im Vergleich dazu erschien es mir geradezu absurd, dass es im Krankenhaus ganze Regale voll mit Büchern, Videos, ja sogar Unterrichtsstunden gegeben hatte, um Hannah auf die Geburt von Margaret vorzubereiten. Wo waren die Experten, jetzt, wo ich sie auf ihren Tod vorbereiten musste?

Ich hatte mich bemüht vorauszudenken, hatte überlegt, was Hannah in nächster Zeit wohl brauchen könnte. Der antike Schaukelstuhl sollte meinen Überlegungen ein Ende setzen. Hier hatte sich Hannah immer am liebsten zusammengekuschelt, wenn ich ihr etwas vorlas. Ich hatte Claude gebeten, ihn hoch zu bringen, weil ich glaubte, er sei ideal für sie geeignet, um ihre letzten Tage darin zu verbringen. Ich hatte mich geirrt. »Das tut zu weh«, hatte sie gesagt. Die Vorstellung, sie friedlich in den Tod zu wiegen, war nur eine von vielen, von denen ich mich verabschieden musste.

Will sah auf.

»Mami, wie lang dauert es, bis ein Körper zum Skelett wird?«

Auch Hannah hatte Wills Frage gehört. Sie riss die Augen auf. In der letzten Zeit gehörte der Tod zu ihren Lieblingsthemen.

Du spinnst ja wohl, dachte ich. Ich hatte mich darauf gefasst gemacht, die Wahrheit zu sagen und mich meinen Ängsten zu stellen; aber mit einer *derartigen* Unterhaltung hatte ich nicht gerechnet. »Das weiß ich nicht genau, Will«, sagte ich und merkte, dass ich es auch gar nicht wissen wollte.

Er schürzte die Lippen und runzelte die Stirn, so als sei er gerade damit beschäftigt, plausible Verwesungsraten zu berechnen.

Hannah hatte da so ihre eigenen Vorstellungen.

»Weißt du«, sagte sie und ihre Augen glänzten schelmisch, »deinen Körper können sie begraben, aber nicht deine Seele!«

Sie grinste. Will sah sie an und grinste ebenfalls.

»Das ist klasse, Hannah«, sagte er und drehte sich zu mir.

»Was meinst du, Mami? Kommt unsere Seele in den Himmel, obwohl unsere Körper unter der Erde liegen?«

Diese Frage hatte ich bereits erwartet, ja, ich hatte sogar schon einmal daran gedacht, das Thema von mir aus zur Sprache zu bringen. Ich war sehr froh, dass die beiden von selbst davon angefangen hatten.

»Nun«, hob ich an, während meine Gedanken schon sieben Sätze vorauseilten, »wenn unser Körper zu krank oder zu alt ist, um weiterzuleben, dann stirbt er und danach ist die Seele frei.«

»Das glaube ich auch«, sagte Hannah.

Will wollte mehr wissen. »Ich weiß, dass das so in der Bibel steht, aber ist es auch wirklich wahr?«, fragte er.

»Nun«, sagte ich, »ich habe Bücher über ›Nahtoderfahrungen‹ gelesen. Manchmal sterben Menschen für ein paar Minuten, bei einer schweren Operation zum Beispiel oder bei einem Autounfall, doch dann gelingt es den Ärzten, sie wieder ins Leben zurückzuholen. Diese Menschen beschreiben den Tod als einen langen schwarzen Tunnel mit einem hellen Licht am anderen Ende, das sie an einen Ort voller Liebe führt. Nicht alle glauben daran. Ich denke, wissen kann man das erst, wenn man selbst so weit ist.«

Dann fuhr ich fort. »Erinnert ihr euch noch daran, wie ein Schmetterling in seinem Kokon heranwächst, bis er fliegen kann? Oder an den Einsiedlerkrebs, der so lange in einer winzigen Muschel lebt, bis sie ihm zu klein wird, und dann in eine andere umzieht? Ich glaube, der Tod ist ganz ähnlich.«

»Ich werde mal ein Schmetterling«, behauptete Hannah, und nachdem das ein für allemal geklärt war, ließ sie sich wieder in die Kissen zurücksinken und schloss die Augen.

Auf der Schwelle

Hannah döste auf einer Seite des Bettes, ihre langen Beine wurden von ihrer pinkfarbenen Decke nur noch notdürftig bedeckt. Sie trug nichts weiter als eine Baumwollunterhose. »Kleider sind mir zu kratzig«, hatte sie gesagt.

Einer ihrer Arme lag auf Margaret, die warm eingepackt in einen pinkfarbenen Strampelanzug neben ihr schlief. Wegen der summenden Klimaanlage war es eiskalt im Zimmer, obwohl die heiße Julisonne den Dachboden über uns in einen Backofen verwandelte. Je kränker Hannah wurde, desto kälter wünschte sie es sich im Zimmer.

Ich schaukelte im Rhythmus der Morphiumpumpe hin und her. Je größer der Tumor wurde, desto größer wurde auch die Dosis Morphium, die sie benötigte. Ich war dankbar zu sehen, wie das Mittel Hannahs Schmerzen betäubte, doch je besser es wirkte, desto leichter wurde es auch, Hannahs Tod zu verdrängen. Seit Tagen gab ich mich nun schon Träumen hin, in denen sie aufwachte, sich anzog und vorschlug, dass wir alle zusammen essen gingen. Claude war noch viel anfälliger für solche Fantasien. Jedes Mal, wenn Dr. Kamalaker eine Erhöhung der Dosis anordnete, stellte er es in Frage, weil er befürchtete, Hannah könne abhängig werden. Niemand brachte es übers Herz, ihm zu sagen, dass eine Tote nicht abhängig sein kann.

Ich fuhr fort, mich hin und her zu wiegen. Ein Stapel Bücher, die Titel trugen wie *Leben mit dem Tod, Sterbebegleitung, In Licht getaucht* und *So verarbeiten Sie den Tod eines geliebten Menschen* lagen genauso unangetastet auf der Kommode wie das mittlerweile vertrocknete Stück

Käse, das Hannah gewollt, dann aber doch liegen gelassen hatte. Selbst ihr Weihnachtskleid, das ich auf ihren Wunsch hin herausgehängt hatte, damit sie es sehen konnte, schien den Atem anzuhalten.

Ich schloss die Augen. Meine Lider waren schwer und brannten, ich bekam einfach nicht genug Schlaf. Ich spürte, wie mich Hannah ansah. Langsam öffnete ich die Augen. Sie streckte die Arme nach mir aus.

»Mami, bring mich bitte in mein Zimmer.«

Ich war sofort hellwach. Es war seit Tagen das erste Mal, dass sie irgendwo anders hin wollte als ins Badezimmer. Vielleicht war jetzt der Moment gekommen, auf den wir alle gewartet hatten. Hannah äußerte wieder Interesse am Leben. Behutsam schob ich meine Hände unter ihre knochigen Hüften und ihren Rücken und hob sie aus dem Bett. Ich bewegte mich wie in Zeitlupe, damit sich ihr Körper an die neue Haltung gewöhnen konnte. Es war beinahe hörbar, wie ihre inneren Organe aufstöhnten, als sich der Tumor in ihr bewegte. Hannah schlang mir ihre dünnen Ärmchen um den Hals und ihre Beine um meine Hüften. Sie klammerte sich mit einer Kraft an mich, die mich überraschte. Ihr Kopf ruhte an meiner Schulter. Ich atmete ihren Duft, spürte ihr weiches Haar wie »Mammutwolle« an meiner Wange. Ihr Körper war für die niedrige Raumtemperatur unnatürlich heiß. Sie hatte hohes Fieber, das einfach nicht runter ging. Ihr Brustkorb hob und senkte sich an meinem, und ich konnte unser beider Herzschlag spüren – meiner langsam und schwer, ihrer schnell und leicht.

Während ich sie vom Bett hochhob, versuchte ich mir vorzustellen, sie würde, umgeben von Puppen und Puppenkleidern, auf dem Boden sitzen. Ich wusste, dass dieses Bild so flüchtig war, wie der Flügelschlag eines Schmetterlings. Als ich Hannahs Position auf meiner Hüfte veränderte, zuckte sie zusammen. Das Bild verließ mich. Während ich sie die Treppe heruntertrug, versuchte ich verzweifelt, sie so wenig Erschütterungen auszusetzen wie möglich. Als wir in der Tür zu ihrem Zimmer standen, ließ mich Hannah los und hielt sich stattdessen am Türstock fest.

»Lass mich nicht runter und trag mich nicht rein«, sagte sie. »Ich will nur schauen.«

Wir standen zusammen auf der Schwelle und betrachteten die tanzenden Staubteilchen im Gegenlicht. Die Bettdecke in Pink und ihr Quilt mit dem Kalb, das über den Mond sprang, lagen unberührt auf ihrem Bett. Puppen und Stofftiere starrten uns von ihren Plätzen im Regal herab ausdruckslos an. Zwei Muscheln, die sie von einem Kindergartenausflug mitgebracht hatte, lehnten auf ihrer Kommode aneinander. Der Zauberstab, den sie vor knapp einem Jahr zu ihrem Geburtstag gebastelt hatte, lag mitten auf dem Boden. Am liebsten hätte ich ihn geschwenkt und alles wieder zum Leben erweckt.

Ich wusste, dass sie sich verabschiedete, aber ich war noch nicht so weit. Dieses Zimmer mit seinen süßlichen Pastelltönen, Barbiepuppen und roten Lacklederschuhen *war* Hannah. Wenn sie sich davon verabschiedete, was dann?

Hannah lockerte ihren Griff, ließ den Türstock los, schlang ihre Arme wieder um meinen Hals und barg den Kopf an meiner Schulter.

»Jetzt können wir wieder zurückgehen«, sagte sie.

Als wir die Treppe hinaufstiegen, ging ich so langsam wie möglich, nahm ihre Nähe tief in mich auf. Bevor ich sie in ihr Nest aus Kissen und Decken zurücklegte, hielt ich einen Augenblick inne, stand schwankend da, wie in Trance. Ich wollte sie nicht loslassen, wünschte, dieser Moment ginge nie vorüber.

Ich dachte an ihr Zimmer und daran, wie wahrschein-

144

lich und gleichzeitig unvorstellbar es war, dass sie es nie mehr wiedersehen würde. Ich fragte mich, ob es wohl ewig auf ihre Rückkehr warten, ewig ihr Zimmer sein, sie je vergessen würde. Und dieselbe Frage stellte ich auch mir: Würde ich je akzeptieren, dass sie nie mehr zurückkehren würde, mich immer als ihre Mutter fühlen, sie je vergessen?

Egal, wo du hingehst –
ich werde immer bei dir sein

🍂

Ich saß am Fußende des Bettes und wiegte Margaret in meinen Armen. Es war noch früh. Claude war zur Arbeit gegangen, und Will saß auf dem Boden, aß Müsli und sah fern.

Hannah bewegte sich und setzte sich langsam auf. Ich drehte mich um und sah sie an. Ihre Haut war beinahe durchsichtig. Seit fast einer Woche hatte sie kaum mehr als ein, zwei Bissen feste Nahrung zu sich genommen. Und je mehr sie abnahm, desto mehr nahm ihr Tumor zu. Ihre linke Seite wies eine groteske Schwellung auf. Die Haut, die sich über ihre Rippen spannte, war blauviolett, denn dort hatten sich die Gefäße in einem verzweifelten Versuch versammelt, die unstillbare Gier des Krebses nach frischem Blut zu befriedigen. Manchmal bat sie mich, sie auf der Seite zu massieren. Ich hasste die Vorstellung, dass ich ihr mit meiner kühlen Hand nicht nur liebevoll über die heiße, gefühllose Haut strich, sondern gleichzeitig auch den Tumor liebkoste. Hannah hatte sich irgendwie damit angefreundet, behandelte ihn sanft und mit Respekt und ordnete ihre Kissen so an, dass er weich zu liegen kam. Ich war dazu nicht in der Lage. Ich wollte, dass er verschwand.

Hannah sah mich an. Sie zuckte zusammen und lächelte dann.

»Mami«, sagte sie ruhig, »weißt du eigentlich, dass ich wieder zurückkehre, auch wenn ich in den Himmel komme?«

Ich schwieg, bevor ich antwortete. Ich wollte ihr die

Wahrheit sagen. Das Problem war nur, dass ich die Wahrheit nicht kannte. Ich hatte gelesen, dass der Tod von kleinen Kindern unter sechs Jahren als eine Art kurze Abwesenheit betrachtet wird und dass sie erwarten, der geliebte Mensch käme irgendwann nach der Beerdigung wieder zurück. Ich fragte mich, ob Hannah das auch glaubte.

Ich holte tief Luft. Hannah grinste jetzt und hatte den Kopf schräg gelegt. Ich sah sie forschend an. Sie wirkte fröhlich, neugierig und völlig unbeschwert. Ich hatte das Gefühl, sie könne meine Gedanken lesen und amüsiere sich über mein Dilemma. Ich schloss kurz die Augen. Dort, hinter meinen Lidern, sah ich etwas, das ich kaum glauben konnte: Ich sah eine Hannah, die in der funkelnden Dunkelheit tanzte, strahlte, lachte und mir zuwinkte. Ich lächelte und hielt die Augen noch geschlossen.

In diesem Moment wusste ich, dass ein Teil von Hannah immer bei mir sein und niemals sterben würde. Das war nichts, was ich glaubte oder hoffte, sondern etwas, das ich ungeachtet aller Vernunft absolut sicher wusste. Es war die tiefste und innigste Glaubenserfahrung, die ich je erlebt hatte.

Ich öffnete die Augen und ließ den Atem wieder fließen, den ich die ganze Zeit über angehalten hatte.

»Ja, Hannah, das weiß ich«, sagte ich.

Hannah lehnte sich zurück in die Kissen, schloss die Augen und lächelte.

*

Glaube hat nichts mit glauben zu tun, sondern damit, sich von bestimmten Überzeugungen zu trennen. Glaube hofft nicht, betet nicht, es möge sich etwas ändern. Glaube ist ein gelassenes Herz, das nichts zurückweist, unsere Bereitschaft, die Dinge so zu nehmen, wie sie sind.

MITGEFÜHL

Anderssein und dazugehören

»Es ist die Zustimmung,
die sie zu Engeln macht ...
ihre einzige Aufgabe
ist das Zurückstrahlen,
egal, wie sehr das vorüberziehende Licht
ihre Augen auch schmerzen mag.«

Jane Hirshfield

Vollkommene Ehrlichkeit

Hannah sprach immer weniger, jedes ihrer Worte konnte das letzte sein.

»Mami, wo ist Will?«, fragte sie mit einer Stimme, die kaum mehr als ein Flüstern war.

Will drehte sich um und setzte sich auf. Er hatte auf der Erde gelegen und sich einen Film angeschaut, der Ton war so leise gedreht, dass man fast nichts hörte.

»Ich bin hier, Hannah«, sagte er sanft und machte den Fernseher aus.

Hannah drehte ihren Kopf gerade so weit zur Seite, dass sie ihn betrachten konnte. Sie sahen einander lange an.

»Will«, fragte Hannah »weißt du, dass ich zu krank bin, um je wieder spielen zu können?«

Mir blieb jedes Wort im Halse stecken, ich wagte kaum zu atmen und überlegte, was Will wohl darauf antworten würde.

»Ja, Hannah, ich weiß«, sagte er ruhig. »Bist du traurig deswegen?«

Hannah schwieg und sah ihn dabei unverwandt an.

»Nein«, sagte sie und schüttelte den Kopf.

Beide drehten sich zu mir um. Ich konnte spüren, wie ihre Augen von der Strähne Notiz nahmen, die mir aus der Haarspange gerutscht war, von meinen Stirnfalten, meinen schweren Lidern und meiner bleichen Haut.

Doch so erschöpft wie ich aussah, fühlte ich mich gar nicht. Ich war voller Ehrfurcht, beschämt darüber, mit welcher Selbstverständlichkeit die beiden einen der intimsten Momente überhaupt erlebt hatten, den zwei Menschen miteinander teilen können. In nur einem einzigen Atemzug hatten mir die beiden gezeigt, was es bedeutet, die Wahrheit nicht nur auszusprechen, sondern auch danach zu leben.

Entschuldigung, dass sie gefragt hat

Mir war klar, dass sie es nicht böse meinte. Sie wusste es einfach nicht besser.

Denn als die gut angezogene Frau um die Vierzig bei JCPenney zu uns in den Aufzug stieg – am Sonntag Nachmittag bevor Hannah starb – lagen die Dinge etwas anders, als sie dachte. Sie lächelte mich an und musterte Margaret in meinen Armen.

Sie zwinkerte und wandte sich dann Will zu, der sie neugierig beäugte.

»Und du bist also der große Bruder«, sagte sie übertrieben beeindruckt. »Was hat deine Mutter für ein Glück, zwei so hübsche Kinder zu haben.«

»Zu Hause hab ich noch eine Schwester«, sagte Will stolz. »Sie heißt Hannah.«

»Ooohhh«, sagte die nette Dame, »warum habt ihr sie nicht zum Einkaufen mitgenommen?«

Ich ahnte, was jetzt folgen würde, und wünschte mir nichts sehnsüchtiger als eine Benimmfibel. Will zögerte keine Sekunde und ging sofort darauf ein.

»Sie ist zu Hause bei meinem Papi. Sie stirbt gerade.« Und dann fügte er erklärend hinzu: »Wir sind hier, um was für Margaret zu kaufen, das sie bei der Beerdigung tragen kann.«

Die Frau drehte sich zu mir um, ihre Gesichtsfarbe war auf einen Schlag zwei Nuancen heller als ihr Make-up. Sie tat mir leid, und ich lächelte sie so mitfühlend an, wie ich konnte. Sie war jedoch nicht bereit, vom Thema abzulassen. Sie hob die Brauen und setzte ein zuckersüßes Lächeln auf.

»Nun«, sagte sie laut, »umso dankbarer sind Sie sicherlich für das Baby auf Ihrem Arm.«

Will war nicht mehr zu bremsen. »Na, und ob«, sagte er mit Nachdruck. »Meine Mami hatte nämlich schon vier Fehlgeburten!« Die Frau sah aus, als müsse sie sich gleich übergeben. Sie drehte sich um und drückte auf den Knopf für den zweiten Stock. Als die Türen aufgingen, drängte sie sich an den Menschen vorbei, die herein wollten, und verschwand.

»Das war aber eine nette Dame, stimmt's Mami?«, sagte Will und nahm meine Hand.

»Ja, das stimmt«, sagte ich, »aber das mit den Fehlgeburten und der sterbenden Hannah war vielleicht ein wenig viel für sie.«

»Vielleicht«, sagte Will und zuckte die Achseln. »Aber sie hat ja schließlich angefangen.«

Schuldgefühle auf der Toilette

Ich musste auf die Toilette, hatte aber Angst zu gehen. Hannah lag jetzt eindeutig im Sterben, aber niemand konnte mir den genauen Zeitpunkt nennen. In einem Winkel des Schlafzimmers brannte eine kleine Lampe. Sie war für Pat gedacht, die täglich um zwei Uhr nachts bei uns vorbeikam. Ich war immer wach, wenn sie kam, und flüsterte mit ihr, um Claude und die Kinder nicht zu wecken. Wir schliefen jetzt alle im selben Raum: Will und Claude in Schlafsäcken auf dem Boden, Margaret, Hannah und ich im Bett.

Als Pat gerade da gewesen war, hatte ich ihr dieselbe Frage gestellt wie jedes Mal: »Wie lange noch?« Und wie jedes Mal hatte ihre Antwort gelautet: »Es kann jetzt jederzeit soweit sein.«

Ich warf mir vor, nicht dann auf die Toilette gegangen zu sein. Ich hatte von Kindern gehört, die Tage lang zwischen Leben und Tod schwebten und ausgerechnet dann starben, als sie für einen Moment allein waren. Angenommen, ich ginge jetzt auf die Toilette und Hannah stürbe während meiner Abwesenheit – wie sollte ich den beiden anderen dann erklären, dass sie nicht friedlich in meinen Armen eingeschlafen, sondern gestorben war, als ich gerade auf dem Klo saß? Ich beschloss, es mir noch ein wenig länger zu verkneifen.

Ich sah, wie Hannah atmete und stellte mir bei jedem Atemzug vor, es wäre ihr letzter. Ich konnte sehen, wie tot sie zwischen den unregelmäßigen Atemzügen bereits aussah: dünn, durchscheinend und nicht mehr atmend. Ich versuchte mir einzureden, dass sie als Tote keine Schmerzen mehr haben würde und dass es durchaus in Ordnung wäre, wenn sie so durchsichtig bliebe und das Atmen einstellte.

Ich musste immer dringender auf die Toilette und hatte ein schlechtes Gewissen, weil ich mir Hannah bereits als Tote vorgestellt hatte. Wie konnte mein Körper auch nur im Entferntesten daran *denken*, sich zu erleichtern, während Hannahs Körper verzweifelt nach Luft rang? Ich lag neben ihr und wünschte mir abwechselnd, sie möge zu atmen aufhören beziehungsweise sie möge weiteratmen. Es kam mir vor, als warte Gott, bis ich mich endgültig entschieden hätte; nur, dass ich mich nicht entscheiden konnte.

Doch jetzt musste ich *wirklich*. Jede Minute sagte ich mir: ›Wärst du vor zwei Minuten gegangen, hättest du es geschafft und sie würde immer noch leben‹.«

Als ich es keine Sekunde länger aushielt, rannte ich auf die Toilette, setzte mich auf die Klobrille und konnte meine Schuld und die Erleichterung, die ich verspürte, kaum ertragen.

Rasch kehrte ich an Hannahs Seite zurück. Sie atmete noch. Eine Woge von Dankbarkeit durchflutete mich, gefolgt von unvorstellbarem Schmerz. Wie hatte ich ihr nur wünschen können, noch eine Minute länger zu leiden? Von Trauer, Schuld und Verzweiflung überwältigt, begann ich zu schluchzen. Ich vergrub mein Gesicht in einem Kissen, denn ich wollte niemanden wecken. Hannah stöhnte. Ich schluchzte lauter. Noch nie hatte ich mich so verängstigt und allein gefühlt.

Plötzlich durchströmte mich ein Gefühl von Wärme. Ich hob den Kopf von meinem Kissen in der Annahme dieser unerwartete Frieden sei ein Zeichen dafür, dass Hannah gestorben war – ich hatte mich getäuscht. Sie atmete immer noch, und ich schloss die Augen. Die Wärme blieb. In diesem Moment wurde mir bewusst, dass ich nicht allein war und dass ich, egal was noch passieren mochte, nichts dafür konnte. Meine Aufgabe bestand darin, bei Hannah zu bleiben, der Rest lag in Gottes Hand.

Stille

Ich hob Hannah ganz sanft von der Toilette und spreizte meine Hände unter ihren Hüften, um ihr Gewicht so gleichmäßig wie möglich zu verteilen. Sie zuckte zusammen.

»Tut mir leid, Hannah«, sagte ich. Sie nickte, sagte jedoch kein Wort.

Während ihrer gesamten Krankheit, ja sogar während der Knochenmarktransplantation, hatte sich Hannah geweigert, eine Windel zu tragen.

»Windeln sind was für Babys«, so ihre Worte.

Vor ein paar Tagen hatte mir Pat erneut den Vorschlag gemacht und gemeint, jetzt sei es vielleicht an der Zeit. Hannah hatte meine Antwort nicht einmal abgewartet.

»Keine Windeln«, sagte sie.

»Was ist mit einem Katheter?«, fragte Pat.

Hannah beugte sich zu Pat vor und sah ihr direkt in die Augen.

»Keine Windeln und keine Schläuche. Niemals. Das musst du mir versprechen.«

Beim Aufstehen konnte ich spüren, wie Hannahs Herz an meiner Brust raste. Noch bevor ich ihre langen Beine durch die Tür bugsieren konnte, beugte sich Hannah vor und betrachtete sich im Spiegel. Sie zwang mich, näher zu treten und ich gehorchte.

Hannah hatte sich seit Wochen nicht mehr gesehen. Doch während wir gemeinsam auf ihr Spiegelbild starrten, schien sie über das, was sie darin sah, eher überrascht als schockiert zu sein. Sie legte den Kopf zur Seite, verwirrt, ja beinahe amüsiert. Ich konnte den Blick keine Sekunde lang abwenden, fühlte mich so, als sähe ich sie ebenfalls zum ersten Mal. Ihr blondes Haar war stumpf und trocken, es stand wirr vom Kopf ab. Ihre Haut war bleich, beinahe blau, über den Wangenknochen straff gespannt, das Gesicht eingefallen.

Als sich unsere Augen im Spiegel trafen, sah sie mich an wie damals, als sie die Kerzen auf ihrem Geburtstagskuchen ausgeblasen hatte – fast elf Monate war das jetzt her. Ich wusste, dass Hannah mehr war, als dieses zerbrechliche, kranke Kind in meinen Armen; ein Teil von ihr existierte jenseits aller Schmerzen weiter, in dieser Stille, die ich spüren, aber nicht sehen konnte.

Schweigen

Es war still im Haus und roch, als würde jemand Eiskrem zubereiten. Ich schrieb Tagebuch und beobachtete Hannahs Atmung. Obwohl nicht einmal drei Wochen vergangen waren, seit Claude sie nach oben getragen hatte, kam es mir vor, als läge sie schon eine Ewigkeit im Sterben. Ich sah auf die Uhr. Zwei Uhr. Will spielte bei einem Freund und Margaret schlief in einer Ecke des Bettes. Erschöpft von all den schlaflosen Nächten schloss ich die Augen, lehnte den Kopf an die Rückenlehne des Schaukelstuhls und wiegte mich vor und zurück.

Plötzlich stöhnte Hannah. Ich riss die Augen auf. Hannah streckte die Arme nach mir aus. Ich sprang auf, kontrollierte die Morphiumpumpe und den Broviac-Katheter, um zu sehen, ob alles in Ordnung war.

»Tut es sehr weh, mein Schatz?«, fragte ich und strich ihr über den Kopf. »Soll ich auf den Knopf drücken und dir noch etwas mehr Morphium geben?«

Hannah nickte, stöhnte immer noch und streckte weiterhin die Arme nach mir aus. Ich drückte auf den Knopf. Ich bekam es mit der Angst zu tun. Obwohl ihr Zustand stabil gewirkt hatte, als Dr. Kamalaker noch am Vortag nach ihr gesehen hatte, war jetzt eine drastische Änderung eingetreten. Ich beschloss Hannah hochzuheben, weil ich nicht wusste, was ich sonst tun sollte. Ich saß auf der Bettkante, Hannah auf dem Schoß. Ich legte ein weiches Kissen zwischen ihren Kopf und meinen Arm und umhüllte ihren restlichen Körper mit der pinkfarbenen Decke. Hannah hörte auf zu stöhnen. Obwohl ihre Atmung merkwürdig schnell ging und rasselte, hatte sie ihre Augen geöffnet und sah mich an. Ich griff zum Telefon und rief Claude an.

»Du musst sofort nach Hause kommen«, sagte ich.

Claude seufzte. Er klang erschöpft. Das war nicht mein erster derartiger Anruf. Ich fühlte mich wie eine Schwangere, die sich ständig einbildet, Wehen zu haben.

»In Ordnung. Sobald ich meinen Schreibtisch aufgeräumt habe, fahr ich los«, sagte er.

Ich machte zwei weitere Anrufe: einen bei Pat und dann noch einen bei meiner Freundin Kate. Was das letzte Jahr betraf, hatte Kate wirklich der Himmel geschickt. Sie hatte sich praktisch um alles gekümmert, uns Essen gekocht und dann gebracht, auf meine Kinder aufgepasst, eine Haushälterin besorgt, unsere Wäsche gewaschen und zusammengelegt und unseren Rasen gemäht. Kaum, dass ich aufgelegt hatte, hörte ich schon, wie sie die Treppen hochrannte. Als sie die Tür öffnete und Hannah auf meinem Schoß liegen sah, begann Kate zu weinen.

»Ist es so weit?«, flüsterte sie.

»Ich weiß nicht«, sagte ich. Kate nahm Margaret auf den Arm.

»Wir warten unten«, sagte sie.

»Könntest du mir noch einen Gefallen tun?«, fragte ich. Kate nickte. »Will ist bei Lili und spielt mit Philip. Ruf dort an und bitte sie, ihn nach Hause zu bringen. Und wenn er da ist, dann schick ihn gleich nach oben.« Kate verließ das Zimmer und machte die Tür hinter sich zu.

Hannah hatte die Augen geöffnet, sie beobachtete mich. Ihr Atem ging schwerer als sonst und sehr unregelmäßig. Ich begann zu weinen und – hilflos, wie ich war – zu singen und zu beten. Kirchenlieder, an die ich seit meiner Kindheit nicht mehr gedacht hatte, das Vaterunser und der 23. Psalm kamen aus meiner Kehle.

Die Tür ging auf und Pat kam herein. Unsere Blicke trafen sich, aber keine von uns sagte ein Wort. Sie kniete sich vor mich auf den Boden und untersuchte vorsichtig Hannah, deren Körper mittlerweile unablässig zitterte. Als sie aufsah, standen ihr Tränen in den Augen, und ich wusste Bescheid. Sie piepte Dr. Kamalaker an, um ihn zu benachrichtigen, hörte auf das, was er sagte, nickte und legte auf. Es klopfte zaghaft an der Tür, und dann betrat Will den Raum. Er sah erst Hannah auf meinem Schoß an und dann mich.

»Ist es soweit, Mami?«, fragte er.

»Ja, Will«, sagte ich.

Will beugte sich vor, strich Hannah übers Haar und küsste sie auf den Scheitel.

»Ich liebe dich, Hannah«, sagte er. Ihre Augäpfel rollten in seine Richtung. Die beiden blickten sich einen Moment lang an, bis Will zu mir her sah.

»Mami, ich möchte unten warten, aber wenn Hannah stirbt, dann musst du mich sofort holen kommen, einverstanden?«

Ich nickte. Er küsste Hannah noch mal.

»Ich liebe dich, Hannah, vergiss das nicht«, sagte er, drehte sich um und verließ das Zimmer.

Um zehn vor drei fuhr Claudes Auto die Auffahrt hoch. Ich hörte Türenschlagen und dann seine Schritte auf der Treppe. Er riss die Tür auf.

»Was geht hier vor?«, fragte er Pat, die mit der Morphiumpumpe auf dem Boden saß.

»Hannah stirbt«, sagte ich merkwürdig ruhig. »Sie hat auf dich gewartet. Sag ihr, dass sie jetzt gehen darf.«

Claude fiel auf die Knie und stöhnte leise auf. Sein ganzer Körper wurde von Schluchzern geschüttelt. Er hob den Kopf, beugte sich über sie und gab ihr einen Kuss.

»Es ist Zeit für dich zu gehen, mein Fräulein«, sagte er. »Mach dir keine Sorgen um uns. Wir lieben dich. Wir werden schon zurechtkommen.«

Obwohl Hannahs Körper noch weitere zwanzig Minuten gegen den Tod ankämpfte, hatte ein Teil von ihr bereits Abschied genommen. Im einen Moment lebte sie noch und atmete, im nächsten schon nicht mehr. Ich konnte kaum glauben, wie unmerklich das vor sich ging. Ich sah in ihre Augen. Sie waren einfach nur blau. Eine dicke, weiße Stille senkte sich auf uns herab und umfing uns mit ihrem Frieden.

P. S.

Ich drehte mich gerade um, als Will den Raum betrat. Er betrachtete Hannahs Körper auf dem Bett und hob dann den Kopf zur Decke.

»Hallo, Hannah«, sagte er. »Ich weiß, dass du da bist. Ich bin froh, dass du jetzt keine Schmerzen mehr hast.«

Er setzte sich auf die Bettkante neben Hannahs Körper.

»Darf ich sie anfassen, Mami?«, fragte er.

»Natürlich«, entgegnete ich.

Ich sah, wie er seine Hand langsam über ihren Arm gleiten ließ und dann ihr Haar und ihre Hände streichelte.

»Ab wann fühlt sie sich tot an?«, fragte er.

»Das weiß ich nicht«, sagte ich. »Wahrscheinlich schon sehr bald.«

Er stand auf und sah wieder zur Decke empor.

»Hör mal, Hannah, ich werd jetzt kurz ein bisschen Pizza essen«, sagte er. »Ich bin bald wieder da und seh nach dir. Mal schauen, ob du dann schon etwas mehr tot bist.«

Amen

Am Morgen ihres Begräbnisses stand eine kleine Gruppe von Freunden und Verwandten um Hannahs Grab. Die Sonne schien und kündigte einen weiteren heißen Sommertag an. Will und seine Cousins knufften einander und kicherten, während sie auf das Ende des Gottesdienstes warteten. Dieselben Kinder, die noch am Vortag in der Aussegnungshalle vor Hannahs offenem Sarg gestanden hatten. Von Will ermutigt, hatten einige Hannahs Körper berührt und sie angestupst. Einige der Erwachsenen hatten ihnen tadelnde Blicke zugeworfen – dieselben, die jetzt versuchten, ihrem Treiben ein Ende zu bereiten.

Claude und ich hatten uns für ein Begräbnis und gegen eine Einäscherung entschieden. Ich wollte ihr Grab besuchen und mir vorstellen können, dass die kleinen Hände, die ich so oft gehalten hatte und deren Form ich so sehr liebte, dort unter der Erde lagen. Claude, Will und ich hatten eine ganze Reihe Friedhöfe besucht und uns schließlich für den kleinsten und ruhigsten entschieden. Nur darüber, wo ihr Grab liegen sollte, hatte zunächst noch Uneinigkeit geherrscht: Claude war für eines unter einer Gruppe von Kiefern gewesen, doch dann hatten wir uns auf das geeinigt, das Will gefiel. Es lag zwischen einem kleinen Teich und einem schönen Gartenpavillon. »Hier können meine Kinder dann spielen, wenn ich Hannah besuchen komme«, hatte Will uns erklärt.

Ich presste Margaret an meine Brust und warf einen flüchtigen Blick auf Laurajane, die ihr Haupt gesenkt hatte und betete. Sie wirkte sehr förmlich in ihrem langen weißen Talar, auch wenn sich ihr Haar in der feuchten Luft genauso unbezähmbar kringelte wie immer. Ich stand am Rand der Grube, in die man Hannah bald hinunterlassen würde, und versuchte, die Fassung zu bewahren. Bevor wir auf den Friedhof gegangen waren, hatten Claude, Will, Margaret und ich noch einmal die Aussegnungshalle aufgesucht, um Hannah ein letztes Mal zu sehen. Ich hatte beschlossen, sie in ihrem Weihnachtskleid und mit den roten Schuhen beerdigen zu lassen, ihre pinkfarbene Decke dagegen wollte ich behalten. Ich wusste, sie würde mich verstehen; Will benutzte sie jetzt zum Einschlafen. Er hatte auch darum gebeten, den Sarg schließen zu dürfen. Bevor er den Deckel einrasten ließ, hatte er ihr noch eines seiner Kissen unter den Kopf geschoben und ein Osterkreuz aus Perlen in ihre Hand gelegt.

»Auf Wiedersehen, Hannah. Wir werden dich vermissen«, hatte er gesagt.

Aus den Augenwinkeln bemerkte ich, dass sich Wanda, die Friedhofsdirektorin, erhoben hatte. Bei unserem ersten Treffen mit ihr hatte Claude deutlich gemacht, wie ungeheuer wichtig ihm war, dass es zu keiner Verwechslung käme. Er musste sich sicher sein können, dass Hannahs Leichnam auch in dem Grab bliebe, in dem wir sie zurückließen. Wanda hatte kurz überlegt und dann vorgeschlagen, Hannah nicht nur zu begraben, sondern auch der abschließenden Einbetonierung der Gruft beizuwohnen, um völlig beruhigt sein zu können.

Wanda hatte das sicherlich erwähnt, aber ich hatte nicht realisiert, dass man dafür einen Bagger benötigt.

»Amen«, schloss Laurajane. Wanda räusperte sich und trat vor.

»Claude und Maria haben darum gebeten, der Schließung der Gruft beizuwohnen«, sagte sie. »Dafür benötigen wir jetzt ein wenig Platz. Wenn Sie also bitte ein paar Meter zurücktreten wollen …«

Der Rest ihrer Worte wurde von ungewöhnlich lautem Geknatter und Motorenlärm übertönt. Aus einiger Entfernung kam hinter einer Baumgruppe ein Bagger auf uns zu, an dessen Schaufel eine Kette mit einem riesigen Zementdeckel baumelte. Während die Kinder zu kreischen begannen und im Kreis herumliefen, stolperten die Erwachsenen bei ihrem Versuch, den Weg frei zu machen.

Der Bagger rollte mit unverminderter Geschwindigkeit auf uns zu. Während Hannahs Sarg von zwei Friedhofsangestellten in die mit Zement ausgekleidete Grube heruntergelassen wurde, beobachteten die Erwachsenen diesen Vorgang aus sicherer Entfernung und wussten nicht, ob sie eine respektvolle, aber interessierte Miene aufsetzen oder lieber wegschauen sollten. Die Kinder dagegen sahen aus größtmöglicher Nähe zu. Sie stachelten sich gegenseitig an, klatschten in die Hände und johlten, als es dem Baggerführer gelang, den Zementdeckel auf Anhieb korrekt abzusetzen.

Claude und ich grinsten uns an. Hannah hatte schon immer alles auf den Kopf gestellt – da war es nur natürlich, dass auch ihre Beerdigung in dieser Hinsicht keine Ausnahme machte. Und ich war mir sicher, dass sie am Ende, als der Baggerführer die Gruft schloss, ebenfalls gekichert hätte.

Vakuum

Margaret und ich lagen gemeinsam auf der Couch. Die warme Herbstsonne fiel durch das Buntglasfenster auf meinen Schoß. Erschöpft nickte ich ein, während ich Margaret stillte. Als sie fertig war, schob ich einen Finger zwischen ihre Lippen, um sie behutsam von der Brust zu nehmen. Ein warmer Strahl Milch lief ihr über die Wange. Sie bewegte sich und kuschelte sich an mich. Ich atmete ihren süßen Duft und begann zu weinen. Die Liebe zu diesem kleinen Geschöpf, das sich so selbstverständlich einen Platz im Leben und in meinem Herzen erobert hatte, überwältigte mich regelrecht. Ich litt darunter, dass diese Zeit viel zu sehr von meiner Trauer um Hannah überschattet wurde, als dass ich sie wirklich hätte genießen können.

Claude war bei der Arbeit und Will in der Schule. Das Haus wirkte wie ein Museum und roch auch so. In letzter Zeit hatte ich keine Lust zu irgendwas. Ich war erschöpft, fühlte mich unendlich müde und konnte mich auf so gut wie nichts konzentrieren. Manchmal drehten sich meine Gedanken stundenlang im Kreis, und dann gab es wieder Tage, an denen ich nicht das Geringste gedacht zu haben schien. Wir schliefen immer noch zu viert im oberen Stockwerk, wo wir auch unsere Mahlzeiten einnahmen, genau wie Häftlinge, die sich nach ihrer Entlassung weigern ihre Zelle zu verlassen. Dort, wo ihr Duft noch in den Laken hing, fühlten wir uns Hannah verbundener und kamen mit dem Leben besser zurecht.

In den ersten Wochen nach Hannahs Tod bewältigte ich meinen Alltag perfekt, aber völlig gefühllos – ich war wie betäubt. Anrufe und Beileidsbriefe wurden von mit beantwortet und Blumensträuße, die uns täglich erreichten, in Vasen gestellt. Anfangs ergoss sich ein nicht abreißender Strom von Besuchern und Beileidsbriefen über unsere Schwelle. Als er dann langsam verebbte, begann ich mit meiner Aufräumaktion. Ich fing mit dem Dachboden an und arbeitete mich in Richtung Erdgeschoss vor, ich wischte, schrubbte und saugte alles bis auf Hannahs Zimmer. Dann machte ich mir Listen mit Dingen, die ich erledigen, und Menschen, die ich treffen wollte. Ich hätte genauso gut unsichtbare Tinte benutzen können.

Ich fühlte mich so, als habe man mich in einen Bottich mit langsam trocknendem Zement gesteckt; allmählich wurde ich immer unbeweglicher, bis mich meine Trauer so gut wie gelähmt hatte.

Atem

Ich träumte, glaubte aber im Traum, dass ich wach sei. Um mich herum herrschte finstere Nacht, es war stockdunkel. Ich besaß keine Augen, die ich hätte öffnen können. Hannah war bei mir. Ich konnte ihr Gewicht auf meinem Schoß spüren und fühlte ihr weiches Haar an meinem Kinn, das auf ihrem Scheitel ruhte. Sie hatte sich an mich geschmiegt oder ich mich an sie. Ich hielt sie fest und atmete ihren Duft.

Dann schlug ich die Augen auf. Ich konnte die Umrisse der Möbel im Zimmer kaum erkennen. Hatte ich gewacht oder geträumt? Ich war mir nicht sicher. Ich konnte Hannahs Anwesenheit immer noch spüren, so als habe sie eben erst den Raum verlassen.

Ich schloss die Augen, wusste, dass sie hier gewesen war, und wartete sehnsüchtig auf ihre Rückkehr.

Wahl

Dem Motorenlärm nach zu urteilen, näherte sich das Auto mit großer Geschwindigkeit. Ich stand auf dem Bürgersteig und malte mir die Szene seelenruhig aus: Noch bevor der ahnungslose Raser auf die Bremse treten könnte, würde ich mich vor seinen Wagen werfen.

Drei Monate, nachdem Hannah gestorben war, hatte ich jegliche Kontrolle über mein Leben verloren. Der Schmerz über ihren Verlust war mir unerträglich. Eine schwere Last drückte mich zu Boden, und nichts schien meine Trauer lindern zu können. Nachdem ich ein Jahr lang Zeit gehabt hatte, mich auf Hannahs Tod einzustellen, hätte ich erwartet, mein Leben zum jetzigen Zeitpunkt besser im Griff zu haben. Ich fühlte mich von Tag zu Tag schlechter statt besser und kam mir wie eine Versagerin vor.

So sehr mein Verstand mich auch davon zu überzeugen suchte, dass ich geliebt wurde und es jede Menge Gründe gab weiterzuleben – mein Schmerz übertönte ihn einfach. Ich hatte überhaupt keinen Bezug mehr zu meinem Körper und zu meiner Umwelt. Obwohl ich zwei Kinder hatte, die ich liebte, und mit Claude glücklich war, erschien mir mein Leben seit Hannahs Tod nur noch leer und bedeutungslos. Dieselbe Hilflosigkeit, die ich bei der Vorbereitung auf Hannahs Tod verspürt hatte, ergriff auch während meiner Trauer von mir Besitz.

Ein weißer Sedan schoss den Berg hoch und dröhnte an mir vorbei. Ich drehte mich um und schloss die Augen, während mir eine Staubwolke ins Gesicht wirbelte. Ich begann am ganzen Körper zu zittern. Dann trat ich vom Randstein zurück, ließ mich ins Gras fallen, vergrub das Gesicht in meinen Händen und begann zu schluchzen.

Ich wusste nicht mehr ein noch aus. Waren früher Probleme aufgetaucht, hatte ich getan, was ich konnte, um sie in den Griff zu bekommen. Ich hatte mir Literatur besorgt, Listen gemacht und mir einen Lösungsansatz überlegt. Noch mitten im größten Chaos hatte ich stets versucht, einen gewissen Überblick zu behalten, mich bemüht, in allem etwas Positives zu sehen. Doch jetzt fühlte ich mich so, als hätte mich Hannahs Tod völlig zerstört; ich konnte gar nicht mehr klar denken, geschweige denn mich auf ein Buch konzentrieren. Das Leben ohne Hannah erschien mir völlig sinnlos – vor diesem Hintergrund Pläne schmieden oder sich auf die positiven Seiten des Lebens besinnen zu wollen, das hielt ich beinahe schon für obszön. Meine Trauer hatte mich fest im Griff – nicht genug damit, dass ich gezwungen gewesen war, ihre Krankheit zu ertragen; jetzt musste ich mich auch noch mit ihrer Abwesenheit abfinden, ohne den Hauch einer Ahnung, wie ich das schaffen sollte.

Ich konnte einfach nicht verstehen, warum es ausgerechnet unsere Familie getroffen hatte. Der bloße Anblick von Kindern in Hannahs Alter reichte aus, mir einen Stich zu versetzen. Ich fühlte mich vom Leben hintergangen und empfand nur noch Hass, weil sie leben durften, während Hannah hatte sterben müssen. Ich wusste, dass niemand etwas für Hannahs Leid konnte, und schämte mich für meine Gefühle in Grund und Boden.

Zusammengekrümmt lag ich im Gras und ließ meinen Tränen freien Lauf. Dann setzte ich mich langsam auf, fuhr mir mit dem Ärmel meines Pullovers übers Gesicht und atmete tief durch. Die kühle Herbstluft drang in meine Lungen. Ich war erstaunt, wie schneidend kalt sie war. Kurz hielt ich den Atem an und ließ ihn dann wieder fließen. Seit langem hatte ich mich nicht mehr so eins mit meinem Körper gefühlt, und ich genoss diesen Moment sehr. Für kurze Zeit vergaß ich all meine Sorgen und begann mich auf meine Atmung zu konzentrieren. Ich holte erneut Luft, diesmal durch den Mund, und stieß sie durch die Nase wieder aus. Es war ein Genuss, zu spüren, wie sich mein Brustkorb hob, und ich stellte überrascht fest, dass Leben in mir pulsierte.

In diesem Augenblick wurde mir bewusst, dass ich nicht sterben wollte – egal, wie schmerzlich meine Situation gerade war. Und während ich weiteratmete, merkte ich, dass mich eine Macht umfing, die alles in der Hand hatte. Ich brauchte mein Leben nicht in den Griff zu bekommen oder meine Gefühle zu leugnen, ich musste nicht wieder die Alte sein. Ich durfte mir erlauben, überall und jederzeit einfach ich selbst zu sein. Den Rest würde das Leben schon für mich erledigen.

Obwohl Wut, Hoffnungslosigkeit und Trauer noch immer schwer auf mir lasteten, begriff ich nun, dass ich mich deswegen noch lange nicht zu schämen oder als Versagerin zu fühlen brauchte. Egal wie groß das Leid war, das ich zu tragen hatte, es würde mich nicht umbringen. Und so schmerzlich es auch war – ich musste einfach akzeptieren, dass es zu meinem Leben dazugehörte.

Abstieg

Es war ein nasskalter Abend, aber ich hielt es zu Hause einfach nicht mehr aus. Es dauerte nur noch eine Woche bis zu unserem vierzehnten Hochzeitstag, aber auch das hatte Claude und mich nicht davon abhalten können, uns heftig zu streiten. Claude hatte Lust auf Sex gehabt, doch ich hatte mich geweigert. In den letzten Wochen hatte sich so viel zwischen uns aufgestaut, das wir nicht mehr zueinander fanden. Dieses Muster aus Annäherung, Zurückweisung, Abneigung und Frustration quälte uns schon seit Jahren, aber was wir vorher als eine Art spielerische Rangelei empfunden hatten, war jetzt bitterster Ernst geworden.

Ich verspürte eine zunehmende Abneigung gegen Claudes Erwartungen an mich als Ehefrau, auch wenn ich sehr genau wusste, dass ich für meine Rolle mitverantwortlich war. Schließlich war ich diejenige gewesen, die immer geglaubt hatte, perfekt sein zu müssen, damit die Ehe funktionierte. Mein Lebensziel hatte ausschließlich darin bestanden, Claude glücklich zu machen. Und obwohl mir seine Unselbständigkeit zunehmend missfiel, hatte ich sie auch ein Stück weit geliebt; je unentbehrlicher ich mich machte, desto mehr Recht auf Liebe glaubte ich zu haben. Jetzt, nach vierzehn Jahren Ehe, hatten wir beide verinnerlicht, was eine »gute Ehefrau« ausmachte: dem Mann ein selbst gemachtes Lunchpaket mitzugeben, für ein ruhiges, gemütliches Zuhause zu sorgen, gut zu kochen, die Kinder zu erziehen und Sex auf Abruf.

Nachdem ich mein ganzes bisheriges Leben damit verbracht hatte, mich um Claude, Gott und die Welt zu kümmern, erwachte in mir so etwas wie eine hungrige Bärin. Ich spürte, dass ich fest entschlossen war, etwas aus mir und meinem Leben zu machen. Ich tapste durch die dunkle Höhle meiner Seele und bahnte mir vorsichtig einen Weg ans Licht. Auch wenn ich immer noch oft von langen Trauerphasen überwältigt wurde, wusste ich die Zeit dazwischen ganz besonders zu schätzen. Ich wollte sie sinnvoll verbringen, meinen Bedürfnissen Rechnung tragen und nur das tun, was mir wirklich wichtig war.

Doch was meine Ehe betraf, hätte ich keinen schlechteren Zeitpunkt wählen können, um neue Prioritäten zu setzen. Nach Hannahs Tod klammerten wir uns beide an die Trümmer unseres Lebens und versuchten verzweifelt, den Alltag wieder in den Griff zu bekommen. Alle, auch Hannahs Ärzte, Krankenschwestern und Sozialarbeiter, waren schwer beeindruckt gewesen, wie wir Hannahs Krankheit gemeinsam durchgestanden hatten, doch jetzt schien die Kluft, die schon immer zwischen Claude und mir bestanden hatte, zunehmend größer zu werden.

Auch wenn ich beschlossen hatte, etwas aus meinem Leben zu machen, war es mir noch wichtiger, dass meine Ehe funktionierte. Ein Leben ohne Claude war für mich völlig unvorstellbar. Dass die Fakten dagegen sprachen, wusste ich, denn irgendwo hatte ich gelesen, dass sich innerhalb der ersten fünf Jahre nach dem Tod eines Kindes mehr als siebzig Prozent der Paare scheiden lassen. Ich wollte nicht, dass wir eines davon würden. Trotz aller Schwierigkeiten war Claude immerhin Hannahs Vater – der einzige Mensch auf der ganzen Welt, der die Tragweite meines Verlusts erfassen und diese tiefe Trauer mit mir teilen konnte. Ich würde alles tun, um meine Ehe zu retten; die Vorstellung, mit meiner Sehnsucht nach Hannah eines Tages allein dazustehen, war mir unerträglich.

Ich warf mir den Mantel über und trat hinaus in die Dezembernacht. Mit gesenktem Kopf lief ich bei strömendem Regen durch die Nachbarschaft. Als ich die hell erleuchteten Fenster der anderen sah, fühlte ich mich noch verzweifelter und einsamer, so als verließe das Leben nach Hannah nun – wenn auch auf andere Weise – mich.

Ich hasste das Tempo, mit dem der Alltag um mich herum weiterging, ganz so, als sei Hannahs Tod bereits in Vergessenheit geraten. Warum konnte nicht alle Welt und nicht nur ich wie bei Dornröschen gleichzeitig erstarren? Ich nahm es Claude übel, dass er sich in seine Arbeit flüchten konnte, und meinen Freunden, dass sie ihr eigenes Leben lebten. Trotzdem hatte ich überhaupt kein Interesse daran, dass alles wieder so würde wie früher. Was mir einmal am Herzen gelegen hatte, erschien mir jetzt hohl und bedeutungslos.

Ich hatte keine Ahnung, was ich eigentlich wollte, wusste nur, dass ich furchtbare Angst hatte, allein damit dazustehen.

Die Angst, die ich lange Zeit verdrängt hatte, erhob ihr hässliches Haupt und verschlang mich mit Haut und Haar. Ich brach mitten auf der Straße zusammen. Ein lang gezogenes Stöhnen drang aus meiner Kehle. Ich begann auf Laurajanes Haus zuzulaufen und sandte ein Stoßgebet zum Himmel, sie möge zu Hause sein. Ich stolperte durch ihren Vorgarten und trat in eine tiefe Pfütze, war jedoch so außer mir, dass ich es kaum bemerkte. Im oberen Stockwerk brannte Licht. Ich sackte auf den Stufen vor ihrer Haustür zusammen, klingelte und wartete. Nichts rührte sich. Ich klingelte erneut und begann gegen die Tür zu hämmern, schlug mit den Fäusten gegen das Holz und warf mich mit der Schulter dagegen.

Im Hause rührte sich nichts. Von Schluchzen geschüttelt fiel ich auf die Knie.

Schließlich schleppte ich mich nach Hause, schloss die Tür auf und ging hoch ins Babyzimmer, in dem Margaret schlief. Im Dunkeln setzte ich mich auf Hannahs Lieblingsstuhl. Während draußen der Sturm tobte, schaukelte ich wie in Trance hin und her, meine nasse Jeans hinterließ Flecken auf dem grünen Polster.

Ich starrte ins Leere und kämpfte nicht länger gegen das Gefühl der Einsamkeit an. Es umhüllte mich wie eine dunkle Wolke. Ich schloss die Augen, und spürte, wie ich zu einem finsteren, totenstillen Ort hinabstieg. Ich nahm diese Stille in mich auf und gab einen stummen Schrei von mir, schrie all mein Leid in die Welt hinaus, ohne auch nur einen einzigen Laut von mir zu geben. Es brach aus mir heraus, bis ich nur noch in meinem Alleinsein anwesend war.

Ich verharrte so, spürte, wie es von mir Besitz ergriff, spürte seinen Hauch. Ich war allein, aber nicht einsam. In diesem Moment erkannte ich, dass Alleinsein und Einsamkeit nicht dasselbe sind. Einsamkeit bedeutet, dass einem etwas fehlt im Leben, dass man jemanden vermisst, sich unvollständig fühlt. Alleinsein dagegen bedeutet die Fülle des Seins an sich, alles und nichts zugleich.

Dieses Gefühl des Alleinseins zeigte mir nicht nur, wer ich wirklich war, sondern auch, was jeder von uns immer und überall ist: unvollständig *und* ganz zugleich.

Der Traum von einem neuen Leben

Ich setzte den Wasserkessel auf und nahm zwei Becher aus dem Schrank, kaum dass ich Laurajanes Jeep in der Auffahrt hörte. Ich hatte mich an ihre häufigen Überraschungsbesuche gewöhnt und freute mich darauf. Heute war ich ganz besonders froh, sie zu sehen. Am letzten Sonntag hatte sie die Gemeinde daran erinnert, dass Ostern, das Fest der Wunder, vor der Tür stand. Ich hätte gern gewusst, wann mich mein Wunder erwartete.

Obwohl es inzwischen schon wieder öfter vorkam, dass ich den Duft reifer Melonen auf dem Markt in mich einsog, laut über einen Witz lachte oder mich bückte, um mir einen Fleck von der Schuhspitze zu wischen, so waren diese Augenblicke äußerst flüchtig und schmerzhaft – als erhelle ein billiges Zündholz kurz meine Einsamkeit, um mir dann vor dem Ausblasen doch noch die Finger zu verbrennen. In der letzten Zeit hatte ich überhaupt nicht mehr das Bedürfnis, meine Trauerphase abzuschließen, denn dann, davon war ich überzeugt, würde ich auch mit Hannah abschließen müssen.

Die Haustür wurde aufgedrückt und fiel wieder ins Schloss. Dann konnte ich auch schon hören, wie Laurajane immer zwei Stufen auf einmal nahm, bis sie im Wohnzimmer stand. »Hier bist du also«, sagte sie und gab mir einen Kuss. »Wo ist denn meine Kleine?«

»Sie macht gerade ein Nickerchen – wehe, du weckst sie auf!«, entgegnete ich.

»Natürlich nicht«, sagte sie und lief auf Zehenspitzen in Margarets Zimmer.

Ich goss in der Zwischenzeit heißes Wasser in die Becher und hängte je einen Teebeutel hinein. Als Laurajane zurückkam, setzten wir uns nebeneinander an den Küchentisch. Laurajane nippte an ihrem Tee und grinste mich an. »Du bist schwanger«, sagte sie. »Ich hab letzte Nacht davon geträumt. Ich habe schon öfter von Schwangerschaften geträumt und mich noch nie getäuscht.«

Ich zögerte. Sie schien sich ihrer Sache so sicher zu sein. Ich hasste es, sie enttäuschen zu müssen.

»Das kann nicht sein«, erzählte ich ihr. »Ich hatte erst vor zwei Wochen meine Tage. Absolut unmöglich.«

Laurajane hörte auf zu lächeln und sah mich forschend an.

»Bist du sicher? Ich kann's einfach nicht glauben«, sagte sie trotzig. »Ich hab mich noch nie geirrt.«

»Ich bin mir ganz sicher«, beharrte ich.

Es stimmte zwar, dass Claude und ich uns trotz unserer Schwierigkeiten wieder angenähert und beschlossen hatten, ein weiteres Kind zu bekommen. Jetzt oder nie – darin waren wir uns einig. Erst letzten Monat hatten wir aufgehört zu verhüten; es hätte mich schockiert, schon so schnell wieder schwanger zu sein.

Zwei Wochen später sah ich, wie sich in dem weißen Feld des Schwangerschaftstests eine feine Linie abzeichnete, die erst noch ganz blass war, sich dann aber tiefblau färbte.

Die Trauer ablegen – Schicht für Schicht

Ich steckte meinen Kopf in Wills Zimmer, um zu sehen, ob er schon eingeschlafen war.
»Hallo, Mami«, sagte er mit halberstickter Stimme, denn er hatte sich die Decke bis übers Kinn hochgezogen.
»Wie geht's dir, Muffin?«, fragte ich.
»Ganz gut«, sagte er. »Legst du dich ein bisschen zu mir?«
»Aber natürlich«, entgegnete ich.
Will schob seinen blauen Stoffhasen und Hannahs Decke zur Seite, um mir Platz zu machen. Er schlief jetzt in dem Zimmer, das einmal Hannahs gewesen war. Er selbst hatte die Idee mit dem Umzug gehabt. Als ich neben ihn ins Bett kletterte, bemerkte ich, dass er ein kleines gerahmtes Bild von Hannah von meiner Kommode genommen und auf seinen Nachttisch gestellt hatte.
Schweigend lagen wir nebeneinander im Dunkeln. Ich war schon fast eingeschlafen, als Will zu reden begann.
»Mami, woher wissen wir eigentlich, dass Hannah wirklich tot war?« Seine Stimme zitterte, als würde er gleich anfangen zu weinen. »Ich hab so Angst, dass sie in ihrem Sarg aufgewacht ist und nicht mehr rauskonnte!«
Er begann zu schluchzen. Ich war überrascht, dass er sich über so etwas Sorgen machte, obwohl er so viel Zeit neben Hannahs Leichnam verbracht hatte. Aber aus den Büchern über trauernde Kinder, die ich gelesen hatte, wusste ich, dass sich das Bild, das Kinder vom Tod haben, mit dem Älterwerden verändert.
»Oh, Muffin«, sagte ich und schlang meinen Arm um ihn. »Erinnerst du dich noch an den Polizisten, der zu uns nach

180

Hause gekommen ist, um Hannah offiziell für tot zu erklären? Weißt du noch, wie kalt und starr ihr Körper drei Tage nach ihrem Tod war? Ich bin mir ganz sicher, dass sie tot war.«

»Bist du sicher, dass es drei Tage waren?«, fragte Will.

»Ja, Will, da bin ich mir ganz sicher«, sagte ich. »Hannah starb an einem Mittwoch, und am Samstag wurde sie begraben.«

»Mhm«, machte er und fuhr sich mit dem Ärmel seines Schlafanzugs über die tränennassen Augen.

»Da ist noch etwas«, sagte er. »Weißt du noch damals, als ich dir gesagt hab, dass ich Hannah immer in meinem Bett schlafen lasse, wenn sie mich darum bittet? Aber einmal war ich wahnsinnig sauer auf sie, weil sie mir ein paar von meinen Superhero-Figuren weggenommen hatte, und da hab ich ihr verboten, bei mir im Bett zu schlafen. Ich kann gar nicht glauben, dass ich so gemein zu ihr gewesen bin«, sagte er, während sein Körper von Schluchzern geschüttelt wurde.

Ich begann zu weinen. Zehn Monate waren jetzt seit Hannahs Tod vergangen, und unsere Trauer fühlte sich an wie eine Zwiebel, deren Schalen nach innen zu immer dicker und beißender werden. Immer wieder spulte ich den Film von Hannahs letzten Lebensmonaten in meinem Kopf ab. Ich konnte kaum fassen, dass ich je geglaubt hatte, mich damit abfinden zu können, sie gehen zu lassen. Ich fühlte mich schuldig und zwar in jeglicher Hinsicht – angefangen damit, dass ich sie allein gelassen hatte, um auf die Toilette zu gehen, bis dahin, dass ich manchmal frustriert und erschöpft gewesen war und die Geduld verloren hatte. Auch Claude bereute so manches, das wusste ich. Vor einigen Wochen war ich mitten in der Nacht aufgewacht und hatte ihn weinen hören, die ganze Matratze vibrierte, während sein Körper von Schluchzern geschüttelt wurde.

Ich hob Wills Kinn, bis er mir direkt in die Augen sah. »Ich bin froh, dass du mir das gesagt hast«, meinte ich und küsste ihn auf die Nasenspitze. »Ich bin in letzter Zeit sehr traurig. Auch ich vermisse Hannah und bereue einiges, was ich gesagt oder getan habe. Trotzdem weiß ich, dass ich getan habe, was ich konnte, und ich glaube, das gilt auch für dich.«

»Ja, Mami, ich weiß«, sagte Will, schniefte und wischte sich mit der Bettdecke über die Nase.

»Hannah hat mir selbst gesagt, dass man nicht immer perfekt sein kann.«

»Hat sie das?«, fragte ich überrascht. »Wann hat sie das gesagt?«

»Erst neulich«, sagte er. »Hannah und ich reden über alles Mögliche. Sie hilft mir sehr und passt auf, dass ich nicht zu traurig werde. Im Himmel ist es cool, sagt sie, und dass sie keine Angst hat. Sie spielen dort Baseball, weißt du, und Hannah ist im grünen Team. Und rate mal was noch?«

»Keine Ahnung«, sagte ich.

»Hannah ist ganz aufgeregt, denn jetzt, wo sie im Himmel ist, lässt sie sich die Haare wachsen, außerdem muss sie nicht warten, bis sie sechzehn ist, um sich Ohrlöcher stechen zu lassen.«

Tot ist tot

Ich saß mitten auf dem Fußboden und sortierte, was von Hannahs Leben noch übrig war. Ich schnupperte an ihrem Osterkleid und wollte glauben, ihre Sachen würden noch nach ihr riechen. Es machte mich ganz krank, dass ich mir nicht mehr sicher war. Endlich begann ich zu begreifen, wie weit weg sie bereits war.

Vor anderthalb Monaten hatte ich ihren ersten Todestag hinter mich gebracht – ungläubig und wie durch einen Nebelschleier. Wir hatten uns mit Laurajane und fünfzig weiteren Personen auf dem Rasen vor der Kirche versammelt und in Hannahs Namen ein Magnolienbäumchen gepflanzt – eine schöne Geste, ja, aber dennoch ein schwacher Trost.

Jetzt, wo wir es geschafft hatten, ein ganzes Jahr ohne sie zu leben, sollte der Alptraum doch bitte ein Ende haben. Ich wurde den Gedanken einfach nicht los, dass man ihr jetzt doch erlauben müsse zurückzukehren. Weil das natürlich nicht geschah, versank ich für drei Tage in tiefste Depression. Seit ihrem Tod war es mir nicht so schlecht gegangen. Als ich mich dann endlich wieder ein wenig erholte, fühlte ich mich wie eine vor dem Ertrinken gerettete Spinne, deren Beine erst einmal entwirrt werden müssen, bevor sie wieder laufen kann.

Zwei Wochen später stand Hannahs fünfter Geburtstag bevor, und ich hatte genug von meinen Depressionen. Claude, Will und ich beschlossen, ihn zu feiern, indem wir etwas unternahmen, das Hannah mit Sicherheit gefallen hätte. Wir mieteten uns ein Cabrio – ein rotes, denn eines in Pink, so der Mann am Schalter, hätten sie nicht. Alle vier fuhren wir den ganzen Tag herum – Claude und ich vorne, Will und Margaret hinten – und genossen den Wind in unseren Haaren.

Jetzt schlug ich das Osterkleid, den Kleidanzug und Hannahs erstes Paar roter Schuhe in Seidenpapier ein und verstaute alles in einer Kiste. Dann legte ich vorsichtig ihre Pflastersammlung, die Muscheln und ihre Bastelarbeiten aus dem Kindergarten obenauf. Ich schloss den Deckel, trug die Kiste vor meinem dicken Bauch nach oben und schob sie unter unser Bett.

Diese Sachen waren viel zu kostbar, um sie jemand anderem zu überlassen, beschloss ich.

Hannahs übrige Kleidung verstaute ich oben im Flurregal; ihre Verkleidungskiste, das Puppenhaus, die Barbies und das Teeservice dagegen stellte ich in Margarets Zimmer. Als ich damit fertig war, ließ ich mich auf den Boden fallen und weinte, bis keine Tränen mehr kamen.

Beobachtest du mich?

Ich stand im Badezimmer und starrte in den Spiegel. Ich erkannte mich kaum wieder. Mein Gesicht sah kantiger und verhärmter aus, als ich es in Erinnerung hatte, und mein Blick war auf etwas in weiter Ferne gerichtet. Ich sah müde aus, entschlossen, weise. Wessen Gesichtszüge waren das, fragte ich mich. Welches Leben wollten sie leben?

Erst vor einem Monat, Ende November, war Madelaine Grace zur Welt gekommen. Als ich sie das erste Mal im Arm hielt, wusste ich, dass sie das letzte Baby war, das ich zur Welt bringen wollte. Doch neben einer überwältigenden Dankbarkeit hatte ich auch große Angst verspürt. Madelaines Geburt hatte mir einmal mehr gezeigt, dass das Leben lebenswert war, aber mir gleichzeitig bewusst gemacht, dass ich wieder mehr zu verlieren hatte. Ich wollte nicht noch einmal enttäuscht werden.

Ich wusste auch, dass ich mein eigenes Leben selbst in die Hand nehmen musste. Die hungrige Bärin in mir, die noch vor Monaten vorsichtig in Richtung Licht getapst war, hatte sich mittlerweile aufgerichtet und boxte ins Leere. Sie wollte nicht mehr darauf warten, bis es mir besser ging, ich mich stärker und nicht mehr so traurig fühlte. In den sechzehn Monaten, die seit Hannahs Tod vergangen waren, hatte Will lesen und Margaret laufen gelernt, Claude hatte Geld für die Krebsforschung gesammelt und Madeleine ihren ersten Atemzug getan. Ich konnte nicht länger zulassen, dass das Leben ohne mich weiterging.

Ich wandte mich wieder meinem Spiegelbild zu und sah eine Frau, die von Leid und Trauer gezeichnet war, der es jedoch gelungen war, sich wieder zu fassen. Ich hatte immensen Respekt vor ihr und empfand großes Mitgefühl angesichts all der Leere, die sie erfahren, und der unglaublichen Kraft, auf die sie sich besonnen hatte. Wie Hannah, die außer dem Verfall ihres Körpers noch etwas anderes gesehen hatte, erkannte ich nun, dass ich mehr war als eine trauernde Mutter. Mein Hass auf die Welt war dem festen Entschluss gewichen, etwas aus meinem Leben zu machen.

Die Trauer, die mich beinahe völlig aufgefressen hätte, steckte mir nach wie vor in den Knochen. Mein Leid war nichts, was ich eines Tages würde ablegen müssen, sondern ein Teil von dem, was ich zu bieten hatte, ein Teil von mir.

Glattes Parkett

Ich saß schweigend zwischen Kim und Kate, an einem nobel gedeckten Tisch beim *Newcomers' Ladies' Luncheon*. Sie hatten mich dazu überredet, dies eine Mal mitzukommen, und mir versichert, es würde mir gut tun. Seit Hannahs Tod hatte ich es vermieden, mich in Gesellschaft von Menschen zu begeben, die ich nicht kannte. Ich empfand mich immer noch als Zumutung für andere – es war, als habe mich mit Hannah auch jedes Fünkchen Höflichkeit verlassen. Nie wusste ich, wie ich auf die peinlichen und schmerzhaften Fragen reagieren würde, die mir Fremde unweigerlich stellten.

»Wie viele Kinder haben Sie?« war die schwierigste. Antwortete ich mit »drei«, hatte ich ein schlechtes Gewissen, weil ich Hannah unterschlug, antwortete ich dagegen mit »vier«, dann folgte darauf unweigerlich die Frage »Und wie alt sind sie?«

Hatten die Leute erst einmal von Hannahs Tod erfahren, konnte alles Mögliche passieren. In einer solchen Situation hatte ich mir schon manches Mal gewünscht, meinem Gegenüber an den Kragen gehen zu können. Die Frage, die mich am meisten aufregte, kam meist von irgendeiner anderen Mutter und lautete in etwa so: »Haben Sie ihr erlaubt, Hotdogs zu essen?« Ich hasste diesen vorwurfsvollen Unterton, so als sei ich, nur weil dem so war, für Hannahs Krebs mitverantwortlich. Gleichzeitig merkte ich, welche ungeheuren Ängste sich hinter dem zur Schau gestellten Mitgefühl verbargen.

Auch ich hatte einmal geglaubt, meine Kinder vor jeder

Gefahr beschützen und kontrollieren zu können, was ihnen und mir zustößt. Als Mutter von drei Kindern klammerte ich mich noch immer an diese Vorstellung. Ich hatte Stunden damit verbracht, Hannahs Leben an mir vorbeiziehen zu lassen, und versucht herauszufinden, was eigentlich der Auslöser für ihre Krankheit gewesen war. Noch immer quälte mich der Gedanke, ob ich nicht doch etwas hätte tun können, tun müssen. Ich wollte mich einfach nicht damit abfinden, dass ich das vielleicht niemals erfahren würde, und konnte es auf den Tod nicht ausstehen, wenn man dieses Thema immer wieder anschnitt.

Obwohl sich mein wahres Ich hinter einer dicken Schicht Make-up zu verstecken schien und ich mir wie verkleidet vorkam, war ich froh, dass mich Kim und Kate hierher mitgenommen hatten. Die Cocktailrunde hatten wir bereits erfolgreich hinter uns gebracht; Kim und Kate waren sichtlich nervös und wichen keine Sekunde von meiner Seite. Sie schnitten so harmlose Themen an wie das Problem, einen zuverlässigen Gärtner zu finden. Ich konnte mir regelrecht vorstellen, wie sich die beiden abgesprochen hatten, Small Talk zu machen, um ja keine Gespräche aufkommen zu lassen, die Wörter wie »Krebs« oder »Tod« enthalten könnten.

Und obwohl wir drei mit sieben völlig fremden Frauen an einem Tisch saßen, sah es ganz danach aus, als würden wir auch das Mittagessen ohne größere Zwischenfälle bewältigen.

Nachdem alle bestellt hatten, entwickelte sich ein lebhaftes Gespräch darüber, wie umständlich es doch war, bei einem Umzug in einen anderen Bundesstaat einen neuen Führerschein zu beantragen.

Eine der Frauen gab eine reich ausgeschmückte Anekdote zum Besten und erzählte, wie sie ganze drei Mal zur Behörde hatte rennen müssen, um ein einigermaßen anständiges Foto zu bekommen. Ich nippte still an meinem Wein und betrachtete die Gesichter der Umsitzenden. Wie viele von ihnen glaubten wohl genau wie ich früher, dass nur anderer Menschen Kinder sterben? Auf ihren Gesichtern konnte ich nicht die geringste Spur von Leid erkennen. Ob sie wohl von mir dasselbe sagen würden? Ich bemerkte ihre sorgfältig manikürten Hände und die aufwändig zurechtgemachten Frisuren. Ich wusste, dass ich nicht nach dem äußeren Schein urteilen durfte; wusste, dass man persönliches Leid nicht von außen erkannte.

Eine Frau mit hoch toupiertem blondem Haar, diejenige, die erst kürzlich von Atlanta nach New Jersey gezogen war, mischte sich in die Unterhaltung ein. Sie zog eine Gucci-Geldbörse aus ihrer Handtasche und blätterte einen Stapel Kreditkarten durch, bis sie fand, was sie gesucht hatte.

»Seht euch das mal an«, sagte sie mit lauter Stimme und reichte der Frau neben ihr ihren Führerschein. »Ich bin fast gestorben, als ich das gesehen habe. Mein Gott, darauf sehe ich aus, als hätte ich gerade eine *Chemotherapie* hinter mir!«

Kim und Kate erstarrten. Ich sah die Frau an und hätte ihr am liebsten gesagt, dass das schönste Gesicht, das ich kenne, einer Chemotherapiepatientin gehört hat, doch ich brachte kein Wort über meine Lippen.

Auch in meinem Leben hatte es einmal eine Zeit gegeben, in der ich jedes Leid ausgeblendet hatte – mein eigenes genauso wie das von anderen. Schlimmer noch, ich hatte geglaubt, die Menschen seien für ihr Leid selbst verantwortlich. Ich hatte mich ihnen überlegen gefühlt und Mitgefühl mit Mitleid verwechselt, einfach deshalb, weil ihr Leben nicht so perfekt war wie mein eigenes. Jetzt wusste ich, dass auch ich immer schon gelitten hatte; ich hatte es vorher nur nicht wahrhaben wollen oder können.

Die Frau mit der aufgedonnerten Frisur und dem Che-
motherapie-Führerschein war nicht meine Feindin. Sie war
ich selbst.

Zuhause sein

Einige der Eltern hatten sich bereits erhoben. Aufgeregt drückte ich Claudes Hand. Seit langem hatte ich diesem Abend mit großer Vorfreude entgegengesehen.

»Hannah Catherine Martell«, sprach die Frau in das Mikrofon. Ihr Name hallte von der Kirchendecke wider. Stolz und tränenüberströmt standen Claude und ich da, während auf dem Altar eine weitere Kerze angezündet wurde. Aller Augen ruhten auf uns, selbst diejenigen in der ersten Reihe hatten sich zu uns umgedreht. Diese Menschen hier mussten uns nicht persönlich kennen, um zu wissen, was wir durchgemacht hatten; das hier war auch ihre Geschichte.

Wir besuchten eine ganz besondere Abschlussfeier, einen Gedenkgottesdienst für Eltern, die ein Kind verloren hatten, der von einer Vereinigung namens »Compassionate Friends« veranstaltet wurde. Mittlerweile nahmen Claude und ich an ihren wöchentlichen Treffen teil und hatten das erste Mal seit Hannahs Tod einen Ort gefunden, an den es nichts Merkwürdiges oder Besonderes war, ein Kind verloren zu haben, einen Ort, an dem die Menschen keine Angst hatten vor plötzlichen Tränenausbrüchen und einen auch nicht mit Gewalt wieder in den Alltag zurückholen wollten. Diese wöchentlichen Treffen waren für Claude und mich auch ein willkommener Anlass, wieder etwas gemeinsam zu unternehmen, ohne dabei Hannahs Andenken zu vernachlässigen. Wenn wir dann anschließend im Auto saßen, ausnahmsweise ohne Kinder, und über unsere Gefühle sprachen, kamen wir uns vor, als würden wir das erste Mal miteinander ausgehen.

Im Verlauf des letzten Jahres hatte ich auch Kontakt zu anderen Müttern aufgenommen, deren Kinder an Krebs gestorben waren. Eine Sozialarbeiterin der Klinik, in der Hannah behandelt worden war, hatte mich auf die Idee gebracht, dass meine Erfahrungen anderen helfen könnten. Ich hatte ihr versprechen müssen, es einmal zu versuchen, und jetzt trafen wir uns regelmäßig zu fünfzehnt reihum bei einer von uns zu Hause. Das war übrigens die einzige Müttergruppe, die ich kenne, bei der die Kinder spielen, während die Mütter weinen.

Hier war ich nicht die Einzige, die ein Kind verloren hatte. Im Gegensatz zu früher, als ich noch geglaubt hatte, dass ein Unglück immer nur den anderen zustößt, wusste ich jetzt, dass es zu mir gehörte, schon immer zu mir gehört hatte. Ich hatte gelernt, Mitgefühl für mich selbst zu empfinden und jetzt, wo ich andere leiden sah, konnte ich ihnen dasselbe Mitgefühl entgegenbringen.

Als sämtliche Namen verlesen worden waren, begannen alle in der Kirche zu klatschen, drückten den Eltern, die immer noch standen ihre Zuneigung und ihren Respekt aus. Noch nie war mir eine derartige Ehre zuteil geworden. Danach verließen alle die Kirche, um sich im Nebenraum auf eine Tasse Kaffee zu treffen. Einige hatten Grüppchen gebildet und unterhielten sich über ihre Kinder.

Ich steckte gerade mitten in einer Geschichte über Hannah, als mich eine der Mütter unterbrach.

»Oh mein Gott!«, sagte sie. »*Sie sind die Mutter des kleinen Mädchens mit den roten Schuhen!*«

Sie stellte sich als Barbara vor und erzählte, ihre Tochter Erin sei zwei Jahre alt gewesen, als sie starb. Sie war im selben Krankenhaus behandelt worden wie Hannah, auf der Kinderintensivstation, auf der sich auch Hannah von ihren Operationen erholt hatte.

»Die Assistenzärzte und Schwestern dort waren einfach großartig«, sagte Barbara. »Sie behandelten Erin, als ob sie eine richtige kleine Persönlichkeit wäre. Sie stellten sich ihr sogar persönlich vor, sobald sie den Raum betraten. Und sie achteten auf Kleinigkeiten, die manche absurd finden mögen, die aber Erin viel bedeuteten – zum Beispiel, dass sie sich ihre eigenen Pflaster aussuchen durfte.«

Claude und ich lächelten uns an und drückten unsere Hände.

Barbara fuhr fort. »Die Schwestern haben mir erzählt, dass Erin sie an ein anderes kleines Mädchen erinnern würde. Sie sagten, sie könnten sie einfach nicht vergessen, weil sie einen solchen Einfluss auf ihr Verhalten gehabt habe. Sie durften mir ihren Namen nicht sagen, aber sie nannten sie immer ›das Mädchen mit den roten Schuhen‹.«

Claude und ich begannen zu weinen, aber nicht, weil wir traurig gewesen wären, sondern aus Stolz und Erleichterung. Hannahs Leben schien wirklich einen Sinn gehabt zu haben; sie hatte nicht nur die Menschen emotional berührt, die sie liebte, sondern auch viele andere, die sie nicht einmal kennen gelernt hatte.

*

Mitgefühl ist etwas ganz anderes als Mitleid, denn Leid ist etwas sehr Persönliches. Haben wir diesen Unterschied erst einmal begriffen, dann wissen wir auch, dass wir einander verbunden sind: Keiner leidet für sich allein.

ERSTAUNEN

Nicht fragen »Warum?«, sondern loslassen

»Lauf los …
bis deine Beine müde werden und schwer …
Das ist der Moment,
in dem du sie fühlst, die Flügel, die dir wuchsen,
die dich emportragen …«

Rumi

Wissensdurst

»Fragst du dich eigentlich nie ›Warum?‹«, wollte Laurajane wissen.

Sie stand an unserem Wohnzimmerfenster, durch das die Sonne fiel, und hatte mir den Rücken zugekehrt. Sie sah aus wie ein Engel mit rotem Heiligenschein, nur dass sie dafür viel zu wütend war. Was ich an Laurajane ganz besonders mochte, war, dass sie die Dinge stets beim Namen nannte.

»Nein, ehrlich«, fuhr sie fort, »was *denkt* sich Gott bloß dabei? Das *muss* doch irgendeinen Sinn haben. Ich kann mir einfach nicht vorstellen, dass all diese Dinge umsonst geschehen.«

Sie sprach mir aus dem Herzen. In letzter Zeit fühlte ich mich stärker als je zuvor und war fest entschlossen, etwas aus mir und meinem Leben zu machen. Ich war bereit, mich mit den Fragen zu beschäftigen, die sich wie eine eiserne Klammer um mein Herz gelegt hatten: Warum hatte Hannah sterben müssen? Wo war sie jetzt? Ich war ungeduldig, so als wüsste ich gleichzeitig zu viel und zu wenig. Ich war mir sicher, dass es einen Grund für Hannahs Tod gab, auch wenn ich nicht wusste, welchen. Ich spürte auch, dass sie irgendwo war – aber wo? Egal was ich tat, ich schien immer wieder auf diesen Punkt zurückzukommen. Hätte ich diese beiden Fragen erst einmal für mich beantwortet – davon war ich überzeugt –, dann hätte ich auch Klarheit, was mein sonstiges Leben betraf.

»Ich bin es leid, mich immer wieder dasselbe zu fragen«, sagte ich. »Warum tun wir nicht irgendwas, um eine Antwort zu finden?«

Eine Woche später kamen Laurajane und noch ein paar andere Frauen mich zu unserem ersten »spirituellen Freitagmorgentreff« besuchen. Gemeinsam begannen wir, nach Antworten zu forschen. Laurajane, die sich bereits seit Jahren mit anderen Religionen beschäftigte, um ihren Horizont zu erweitern, übernahm mehr oder weniger die Leitung. Auf ihren Vorschlag hin lasen wir Bücher über Traumdeutung, Parapsychologie und die spirituellen Weisheiten anderer Religionen und diskutierten dann darüber. Ich, die ich mich früher mit Freundinnen zum Kaffeeklatsch getroffen hatte, saß jetzt hier und sprach über die Wiedergeburt.

Ich fühlte mich wie ein kleiner Vogel, der kurz vor dem Schlüpfen von innen gegen die Schale pickt. Innerlich empfand ich mich als völlig verändert, auch wenn mein Leben objektiv betrachtet in genau den gleichen Bahnen verlief wie vor Hannahs Krankheit. Nach allem, was ich durchgemacht hatte, fand ich es frustrierend, wie wenig man mir äußerlich anmerkte. Ich wünschte, mein Leben wäre deutlich leidenschaftlicher und spontaner und würde meinem wachsenden Freiheitsbedürfnis und neu erwachtem Selbstbewusstsein Rechnung tragen. Trotzdem zögerte ich, zu viele Veränderungen auf einmal vorzunehmen. Schließlich fühlte ich erst seit kurzem wieder festen Boden unter den Füßen, und da hatte mein gewohntes Leben durchaus etwas Beruhigendes. Es gab mir Sicherheit.

Obwohl ich noch zögerte, mein Leben radikal zu ändern, erweiterten die Bücher, die ich las, und die Gespräche, die ich führte, meinen Horizont. Endlich fand ich eine Sprache, in der ich das, was ich durchgemacht und stets als unaussprechlich empfunden hatte, auch ausdrücken konnte. Die Seite meines Wesens, die auf mich schon immer etwas befremdlich gewirkt hatte, fühlte sich jetzt weniger merkwürdig an. Obwohl ich mich dem christlichen Glauben noch immer sehr verbunden fühlte, nahm ich mir die Freiheit, mit anderen Möglichkeiten zu experimentieren, um meine Spiritualität auszuleben. Ich begann, ein Traumtagebuch zu führen, entzündete Kerzen und brannte Räucherstäbchen ab – lauter Dinge, die ich als Teenager instinktiv getan und dann vor Jahren wieder aufgegeben hatte, um endlich »erwachsen zu werden«.

Als ich versuchte, Claude mit meiner Begeisterung anzustecken, stieß ich auf wenig Gegenliebe.

»Du und deine Freundinnen – ihr seid mir vielleicht ein verrückter Haufen«, sagte er nur halb im Scherz.

Obwohl ich ihm ein Stück weit Recht geben musste, war ich nicht bereit, meine Suche aufzugeben. Ich fühlte mich wie ein einsamer Wanderer in der Wüste, der in weiter Ferne eine Oase zu erspähen meint: Ich kannte kein Halten mehr.

Zerbrechlichkeit

Die Weihnachtsfeier in Claudes Büro ging dem Ende entgegen. Wir hatten Kuchen gegessen, Punsch getrunken, in der Cafeteria Square Dance getanzt und uns der Reihe nach aufgestellt, um Mrs. Claus und Santa zu begrüßen. Es war schon spät und viele Familien waren bereits gegangen. Der Flur war leer, als wir zum Aufzug liefen. Ich hatte Maddy auf dem Arm, während Will und Margaret um uns herumsausten und Fangen spielten.

Vom anderen Ende des Flurs gingen eine Frau und ein junges Mädchen auf uns zu. Als sie näher kamen, erkannte Claude, dass es sich bei der Frau um eine seiner Mitarbeiterinnen handelte. Wir blieben stehen, stellten uns vor und betraten dann gemeinsam den Aufzug. Als sich die Türen schlossen, sah sich die Frau suchend um.

»Fehlt nicht noch eines?«, fragte sie.

Claude sah erst Will, dann Margaret, Madelaine und schließlich mich an.

»Nein«, sagte er und drehte sich zu der Frau um. »Wen meinen Sie denn?«

»Das ist aber komisch«, sagte die Frau und runzelte die Stirn. »Ich bilde mir ein, Sie hätten vier Kinder dabei gehabt, als ich Sie gerade eben im Flur gesehen habe, und nicht drei.«

Claude und ich warfen uns einen Blick zu und stellten uns genau dieselbe Frage. Ich hätte alles darum gegeben, daran zu glauben, sie habe eine Vision von Hannah gehabt, aber ich hatte Angst, genauer hinzusehen. Der Schatten eines Zweifels konnte genügen, eine so zerbrechliche Verbindung zu stören.

Die Botschaft

Ich fuhr in die Auffahrt und parkte. Die Mädchen ließ ich angeschnallt auf dem Rücksitz, damit sie mir nicht weglaufen konnten. Dann begann ich, die Fleißigen Lieschen und Stiefmütterchen auszuladen. Es war Frühling. Dieselben knorrigen Bäume, deren Knospen aufgegangen waren, als Hannah noch lebte, blühten auch dieses Jahr. Nur, dass es jetzt Margaret und Madelaine waren und nicht Hannah, die es liebten, zum Teich zu laufen, die Enten zu füttern und der großen Magnolie zuzuwinken. Ich fühlte mich, als würde ich eine Wendeltreppe hinaufsteigen; immer wieder bot sich mir dieselbe Sicht, wenn auch jedes Mal aus einem anderen Blickwinkel.

Als ich alle Blumen ausgeladen hatte und mir die Erde von den Händen wischte, bemerkte ich, dass jemand eine Plastiktüte an unsere Haustür gehängt hatte. Wahrscheinlich Kleidung für die Mädchen, dachte ich. Ich griff nach der Tüte und sah hinein. Ich hatte mich getäuscht. In der Tüte befanden sich ein Zettel und etwas Wolliges. Ich las zuerst den Zettel.

Liebe Mrs. Martell,

dieser Teppich ist für Sie. Er stammt von Ihrer Tochter Hannah. Bitte halten Sie mich jetzt nicht für verrückt. So etwas ist mir noch nie passiert. Obwohl wir uns noch nie begegnet sind, habe ich von Hannah gehört, denn eine meiner Töchter ging in denselben Kindergarten. Vor einigen Jahren habe ich gelernt, Teppiche zu weben und wollte für jede

*meiner vier Töchter einen anfertigen. Als ich mit diesem
Teppich begann, dachte ich natürlich, er sei für eines meiner
Kinder. Doch es sollte nicht lange dauern, bis ich merkte,
dass ich mich geirrt hatte. Jede Sekunde, die ich daran arbeitete, ertappte ich mich dabei, an Hannah zu denken. Ich
kann das zwar nicht erklären, aber irgendwie fühlte ich,
dass Hannah wollte, dass ich diesen Teppich für Sie anfer-
tige, als eine Art Botschaft von ihr. Während des ganzen
letzten Jahres, in dem wir beide an diesem Teppich arbeiteten, bewirkte Hannah, dass sich meine Einstellung zum
Tod veränderte. Ich fürchte mich nicht mehr davor. Ich
fühle mich gesegnet. Hannah liebt sie sehr. Danke, dass Sie
ihre Mutter sind.*

*Alles Liebe,
Joann*

Noch während ich den Teppich auseinander faltete, spürte
ich, wie sich auch meine Gedanken entwirrten. Der Teppich hatte eine sehr ungewöhnliche Farbe, er war smaragd-
grün, genau wie der in unserem Haus. Darin eingewebt
war ein blonder, barfüßiger Engel, der in einem Himmel
voller Sterne schwebte. In seinen Händen hielt er ein riesige
Rose in Pink – wie Dornröschen, den Namen, den Hannah
sich für Margaret gewünscht hatte.

Noch in der Tür kamen mir die Tränen. Ich fühlte es
ganz sicher, das hier *war* eine Botschaft von Hannah, und
es war herrlich, dass sie mich an einem ganz normalen Tag
erreichte.

Aufatmen

Margaret war im Sommer drei Jahre alt geworden. Sie und
Madelaine waren unzertrennlich – egal, wo Margaret hin-
ging, Madelaine folgte ihr auf dem Fuß. In letzter Zeit hatten sie mir viele Fragen über ihre große Schwester Hannah
gestellt. Und so fand ich, es sei an der Zeit, ihnen die Kiste
mit Hannahs heißgeliebten Besitztümern zu zeigen. Ich hatte
sie gerade unter dem Bett hervorgezogen, als das Telefon
klingelte.

»Wartet noch einen Moment, Mädchen. Ich bin gleich
wieder da«, sagte ich.

»Okay, Mami«, antworteten die beiden im Chor.

Ich hätte es besser wissen müssen. Aber ich rannte nach
unten und nahm den Hörer ab. Die Mutter eines Jungen
aus Wills Baseballteam war dran und gab mir eine Wegbe-
schreibung für das Spiel heute Abend. Ich schrieb mit und
fragte sie danach noch nach der großen Pizzaparty, die wir
zum Ende der Spielsaison geplant hatten. Wir telefonierten und telefonierten, und ich verlor jegliches Zeitgefühl.
Plötzlich fiel mir wieder ein, dass Margaret und Madelaine
auf mich warteten. Ich hatte mich gerade verabschiedet, als
ich hörte, wie die beiden Mädchen die Treppe hinunterka-
men.

»Seh ich nicht wunderschön aus, Mami?«, fragte Maddy.

»Und ich auch, stimmt's Mami?«, rief Margaret dazwischen.

Ich legte auf und drehte mich um.

Maddy trug Hannahs pinkfarben Kleidanzug. Da ihr
das Nachthemd viel zu groß war, hielt sie es in der Taille

gerafft, um nicht zu stolpern. Sie streckte einen ihrer Füße vor.

»Schau, Mami, passen die nicht wie angegossen?« Natürlich war sie in Hannahs rote Schuhe geschlüpft.

»Ich hab Maddy geholfen, sie zuzumachen«, sagte Margaret stolz.

Ich drehte mich zu Margaret um. Maddys Aufzug hatte mich derart abgelenkt, dass ich ihren noch gar nicht bemerkt hatte. Jedes freie Fleckchen Haut war mit Pflastern aus Hannahs Sammlung beklebt. Die beiden standen da und grinsten mich an.

Erst jetzt wurde mir bewusst, dass ich seit Hannahs Tod irgendwie den Atem angehalten hatte. Aus Angst, meine Erinnerung an sie könnte sich in Luft auflösen, wenn es mir nicht gelänge, den Zauber ihrer Schätze zu bewahren. Jetzt war der Bann gebrochen. Ich wusste, dass in diesen Pflastern, dem Kleidanzug und den roten Schuhen noch eine Menge Leben steckte. Ich musste Hannahs Erinnerungen endlich aus der Kiste lassen und mich ebenfalls aus diesem Gefängnis befreien. Als ich sah, wie Margaret und Madelaine strahlten, wusste ich nicht, ob ich lachen oder weinen sollte.

»Ihr seht großartig aus«, sagte ich schließlich, kniete mich hin und breitete die Arme aus. Und als die beiden kichernd auf meinen Schoß purzelten, fügte ich hinzu: »Hannah würde das genauso sehen.«

Hingabe

Ich konnte meinen Blick gar nicht mehr davon abwenden. Ich stand vor Monets Meisterwerk im New Yorker Metropolitan Museum of Art und erkannte, dass seine dicken Pinselstriche genau den Moment eingefangen hatten, in dem eine Vase mit Sonnenblumen auf einer scharlachroten Tischdecke der Inbegriff des Glücks ist.

Gleich am nächsten Tag erstand ich ein kleines Set Acrylfarben, ein paar Pinsel, eine Leinwand und einen Mal-Ratgeber. Ich bedeckte den Esstisch mit alten Zeitungen, füllte ein Glas mit Wasser, tupfte ein wenig Farbe auf einen Pappteller und begann mit dem Mischen. Ich nahm mir Zeit und überließ mich ganz meiner Intuition.

Ich begann mit einer Skizze – hellgrauer Bleistift auf weißer Leinwand – und sah, wie unter meinen Händen inmitten von sanften Hügeln und bewaldeten Bergen eine gedrungene Holzhütte entstand. Dann trat ein Fluss hervor, dessen weiße Wasser über die Kiesel an der Biegung strömten und dort, wo sie an der Hütte vorbeiflossen, breite, kühle Wirbel erzeugten. Ich ließ einen kleinen Brunnen entstehen, an dem ein Eimer aus Eichenholz hing und fügte noch einen ausgetretenen, blumengesäumten Pfad hinzu, der zur Hintertür der Hütte führte.

Vorsichtig machte ich meinen ersten Pinselstrich und wurde mit der Zeit immer wagemutiger. Die Farben an der Spitze des Pinsels verschlangen meine Bleistiftzeichnung, sodass ich mich nicht mehr auf meine Skizze, sondern nur noch auf mein Gefühl, auf die Vision, die mich zu diesem Bild inspiriert hatte, verlassen konnte. Je geduldiger ich mich diesem Entstehungsprozess hingab, desto mehr lernte ich dabei. Ich erfuhr, dass ein Blatt eigentlich ein Mosaik aus Licht und Grün ist und ein Dach mit Holzschindeln in der Nachmittagssonne haarfeine, goldene Einkerbungen aufweist. Sogar die Patzer erfuhren auf der Leinwand eine Verwandlung: Hatte ich aus Versehen zu viel Blau in das Gelb gemischt, legten sich moosgrüne Schatten um die Flusskiesel, von deren Existenz ich vorher noch gar nichts geahnt hatte. Beim Malen fühlte ich mich zutiefst lebendig, empfand eine von Raum und Zeit völlig losgelöste Freude. Mir fiel Hannah ein, wie sie den Teetisch gedeckt hatte, und ich spürte, dass ich ihrer Einladung, mein eigenes Leben zu leben, endlich gefolgt war. Die absolute Hingabe an den Augenblick und nicht die Handlung selbst war das Entscheidende.

Zwei Monate später malte ich meine Signatur in die rechte untere Ecke und stellte das Bild auf die Fensterbank über der Küchenspüle. Durch das Fenster konnte ich sehen, wie Claude die Schaukeln anschubste, auf denen Margaret und Madelaine saßen. Als die Mädchen vor Freude jauchzten und im tanzenden Sonnenlicht hin und her schaukelten, fiel mir der eine Nachmittag mit Hannah wieder ein. Und die roten, blauen, gelben und grünen Kleckse Fingerfarbe schienen mir wieder aus dem Gras entgegenzufunkeln.

Dankbarkeit

Noch ein Block bis zur roten Ampel. Da ich schon sehr spät dran war, wollte ich nicht abbremsen. Gerade als ich meinen Fuß vom Gas nehmen wollte, schaltete die Ampel auf Grün. »Danke«, seufzte ich. Mittlerweile war ich es leid, auf all meine Fragen eine Antwort zu suchen. Ich hatte aufgehört »bitte, bitte« zu sagen und es durch »danke, danke« ersetzt. Ich besann mich auf das Glück, mit dem mein Leben gesegnet war: auf meine Kinder, meine Freunde, meine gute Gesundheit, Claudes und meine Bemühungen um unsere Ehe. Nachdem ich einmal angefangen hatte, konnte ich gar nicht mehr damit aufhören. Je mehr ich meine Aufmerksamkeit schärfte, desto mehr gab es zu entdecken. Schon bald sprach ich allem meinen Dank aus: Bäumen für ihren Schatten, Pullis für ihre Kuscheligkeit und Hunden für ihr weiches Fell.

Die Dankbarkeit, die ich erfuhr, vermittelte mir eine völlig neue Einstellung zum Leben. Die Hingabe, mit der ich mein Bild gemalt hatte, schenkte ich jetzt jedem einzelnen Augenblick meines Lebens. Und so erkannte ich, dass jeder Einzelne etwas enthielt, für das ich dankbar sein konnte, und sei es für jeden neuen Atemzug. Ich musste an Hannah denken, die sich über beinahe alles, was sie sah, hatte freuen können. Diese Angewohnheit ganz im Hier und Jetzt zu leben war mehr als eine bloße Übung in Positivem Denken. Sie bedeutete eine Rückbesinnung auf die absolute Ruhe und Gelassenheit, die Hannah mit mir geteilt hatte.

Und noch etwas viel Überwältigenderes wurde mir bewusst: Kein Augenblick steht für sich allein, sondern in einem unauflöslichen Zusammenhang mit all denen, die ihm vorausgegangen sind und die noch auf ihn folgen werden.

In dieser Abfolge erkannte ich ein Muster, eine Art höhere Macht, die mir zu sagen schien, dass nicht ich mein Leben lebte, sondern mein Leben mich.

Im Gleichgewicht

Die Wellen brandeten über den Sand, schenkten meinen Füßen frostige Küsse, um sich dann, Brautschleier hinter sich her schleppend, wieder zurückzuziehen. Ich lief den Strand entlang und genoss es, wie der Sand unter meinen Füßen nachgab. Ich liebte das Meer und kam mir angesichts seiner Weite und Unbarmherzigkeit winzig klein vor.

Ich hatte es aufgegeben, nach dem Sinn von allem zu forschen, denn inzwischen wusste ich, dass es immer mehr als nur eine Antwort gab. Alles, was ich für mein weiteres Leben benötigte, war die Erkenntnis, mit den unbeantworteten Fragen leben zu müssen.

Ich setzte mich an den Fuß einer Düne und ließ mich in ihre weiche Rundung sinken. Mit geschlossenen Augen lauschte ich auf das unüberhörbare Pochen meines Herzens, das sogar die Brandung übertönte. Ich sog die frische Brise ein, befeuchtete meine Lippen und schmeckte das Salz auf meiner Zunge. Ganz still lag ich da und ließ mich von der Unendlichkeit einhüllen. Ich kam mir klein vor, winzig klein und doch irgendwie aufgehoben und geborgen. Ich konnte spüren, wie die Gezeiten meines Lebens an meinem alten Bild von mir selbst zerrten, mir versprachen, mich an neue Gestade zu tragen, die nur darauf warteten, von mir erkundet zu werden. Ich wäre ihnen liebend gern gefolgt, doch zunächst musste ich mich davon überzeugen, dass Hannah ebenfalls bei mir wäre.

Direkt über mir hörte ich das Kreischen einer Möwe. Ich öffnete die Augen und setzte mich auf.

Eine Hand schützend über die Augen gelegt, blinzelte ich

in die Nachmittagssonne. Da stieß die braun gesprenkelte Gestalt mit ihren weit ausgebreiteten weißen Schwingen zu mir herunter. Und während sich die Möwe durch die Lüfte schwang, ließ sie ihre kleinen braunen Knopfaugen keine Sekunde lang von mir. Sie landete ein paar Meter neben mir im Sand, und wir musterten uns schweigend. Auf den ersten Blick sah sie aus wie jede andere Möwe auch, doch als ich sie so anstarrte, bemerkte ich, dass ihre Brust ungewöhnlich weiß war. Nur die Spitzen ihrer Schwingen waren in Braun getaucht, ihr rechtes Bein leicht verkrüppelt. Die Möwe zwinkerte mit einem Auge und plusterte sich auf. Noch während ich sie betrachtete, wurde mir klar, dass sie genauso gewöhnlich und zugleich einzigartig war wie ich selbst.

Dieselbe geheime Macht, die den Mond und das Meer geschaffen hatte und dafür sorgte, dass die Erde sich drehte, hatte auch Hannah, dieser Möwe und mir das Leben geschenkt; sie war die Quelle von allem, bäumte sich auf, um gleich darauf wieder in sich zusammenzufallen, immer im Fluss, immer in Veränderung und doch immer gleich. Egal, was ich tun würde, egal, wo sich Hannah jetzt befand – wie die Natur und die Zeit würden wir einander immer verbunden sein. Das war kein sentimentales Hirngespinst, um mich zu trösten – das war die Wahrheit.

Ich konnte das Leben in seiner ganzen Fülle annehmen, mit all seinen unbeantworteten Fragen, verwirrenden Weggabelungen und dem ihm innewohnenden Geheimnis, ohne meine Verbindung zu Hannah und den Lektionen, die sie mich gelehrt hatte, zu kappen.

Ernte

Margaret und Madelaine saßen angeschnallt auf dem Rücksitz, Will auf dem Beifahrersitz. Ich nahm meinen Fuß vom Gas und bog langsam links ab. »Mami, sieh mal!«, rief Maddy aufgeregt, zappelte auf ihrem Sitz herum und zeigte auf etwas. »Hier haben Hannah und ich im Himmel gespielt, bevor ich auf die Welt kam!«

Sie zeigte auf Hannahs Lieblingshaus, das in Pink mit dem pinkfarbenen Zaun.

Ich hatte keine Ahnung, woher sie das wusste, und es war mir auch egal. Ich akzeptierte es einfach als ein Geschenk von Hannah, als eine Art Beweis für das unergründliche Geheimnis, das allen Dingen innewohnt.

Rückblickend erkannte ich, dass sich mein Glaube im letzten Jahr vor Hannahs Tod und in den dreieinhalb Jahren danach immer weiter entwickelt hatte. Und genau in diesem wunderbaren Moment löste er sich hoch oben endlich von seinem Ast und fiel mir reif und saftig in den Schoß.

Tanz

❦

An ihrem achten Geburtstag traf mich die Magie, die Hannahs rote Schuhe besaßen, erneut mit voller Wucht. An jenem Tag sollten Margaret und Madelaine ihre erste Ballettstunde besuchen.

Die anderen Drei- und Vierjährigen trugen ausnahmslos hellrosa Gymnastikanzüge, hellrosa Strumpfhosen und hellrosa Ballettschuhe. Lange Haare waren mit Satin-Haargummis zu Pferdeschwänzen zurückgebunden worden, und alle hatten sie ein schwarzes Lackköfferchen für ihre normalen Schuhe dabei. Die Mütter trugen lange Hosen aus Schurwolle, Kaschmirpullover, flache Lederschuhe sowie Uhren, Ohrringe und Armbänder aus Gold. Jede von ihnen errötete geschmackvoll unter einer Schicht teuren Make-ups, und die meisten hatten ihre Haare glatt hochgesteckt. Diejenigen, mit Kinderwagen im Schlepptau, hatten selbstverständlich sicher gestellt, dass die Kleinen satt und frisch gewickelt waren und nun brav schliefen.

Alles war so, wie es sein sollte, bis wir zur Tür hereinkamen.

Auch Madelaines Ballettanzug war hellrosa, wies allerdings deutliche Spuren von Schokolade und den Spaghetti von gestern Abend auf. Sie trug ihn bereits seit zwei Tagen und war viel zu aufgeregt gewesen, als dass sie ihn wenigstens zum Schlafen ausgezogen hätte. Strumpfhosen und Ballettschuhe waren wie bei den anderen Mädchen, doch ihr Haar war unter einem schrillen grün-blau-pinkfarbenem Haarnetz aufgesteckt. Ihre und Margarets Schuhe steckten nicht in einem schwarzen Lackköfferchen, sondern in einer gelben Plastikreisetasche, in die sie außerdem jede Menge Bücher und Barbies gepackt hatte –»nur so zur Sicherheit«.

Margaret hatte sich geweigert, meiner Empfehlung zu folgen, und sich gegen den hellrosa Ballettanzug entschieden. Sie trug das Tänzerinnenkostüm aus ihrer Verkleidungskiste. Die knallblauen Pailletten und das bunte Glitzer-Tutu bissen sich nur geringfügig mit ihrer roten Strumpfhose. An den Füßen hatte sie silberne Glitzerpantoffeln, die zwar aussahen wie Ballettschuhe, aber eben keine waren. Auf dem Kopf trug sie ein Strassdiadem.

»Sieht sie nicht *wunderschön* aus?«, fragte eines der Mädchen und starrte Margaret an. Ihre Mutter schien sich da nicht so sicher zu sein. Sie und die anderen Frauen musterten meine Töchter missbilligend und schenkten mir ein unsicheres Lächeln. Ich bemerkte, wie einige der Frauen flüchtig meinen langen Rock, die derben schwarzen Stiefel und die rote Wollstola musterten, die ich mir anstelle eines Mantels übergeworfen hatte. Sobald ich sie anlächelte, wichen sie meinem Blick aus. Die kleinen Mädchen dagegen bemerkten nichts von alledem. Sie waren viel zu sehr damit beschäftigt, die Süßigkeiten in Madelaines Tasche zu bestaunen, die sie ebenfalls »nur so zur Sicherheit« mit eingesteckt hatte, und probierten abwechselnd Margarets Diadem auf.

Kurz bevor wir losgezogen waren, hatte ich noch vor dem Spiegel innegehalten und mich gefragt, ob ich nicht doch lieber etwas Konventionelleres anziehen oder wenigstens darauf bestehen sollte, dass sich Margaret und Madelaine umzögen. Doch dann war mir klar geworden, dass ich das nur tun müsste, wenn ich Angst hätte, was die anderen von mir denken könnten, aber diese Angst hatte ich nicht. Hannah und ihre roten Schuhe hatten mir gezeigt, dass es noch etwas viel Schmerzlicheres gibt als einen toten Körper, nämlich eine tote Seele, die nur aus Angst besteht und sich um jegliche Lebensfreude bringt. Da halte ich es doch für besser, in jeder Situation zu sich selbst zu stehen, als für etwas geliebt zu werden, das man gar nicht ist.

Als ich so vor dem Spiegel stand und mir selbst zulächelte, spürte ich, wie die enge Kiste, in der ich die letzten Jahre gelebt hatte, langsam auseinanderbrach. Auch wenn ein Teil von mir immer fürchten würde, Fehler zu machen, verletzt oder nicht geliebt zu werden, wusste ich jetzt, dass mich meine Ängste nie mehr aufhalten konnten. Ich hatte mich ihnen gestellt, war in das Leben getreten, das mir schon immer gehört hatte.

Und während ich jetzt Margaret und Madelaine dabei beobachtete, wie sie strahlend und erhobenen Hauptes in ihre erste Ballettstunde gingen, begriff ich noch etwas anderes: Jeder von uns hat ein Leben, aber es liegt ganz bei uns, ob es auch erfüllt sein wird. Meine Bereitschaft dazu ist das größte Geschenk, das ich mir und den Menschen, die ich liebe, machen kann. Woher ich das weiß? Weil es das Geschenk ist, das Hannah mir gemacht hat.

Geheimnis

Ich hatte geschlafen, umfangen von einer Stille, in der nichts existierte, nichts passierte. Doch durch irgendetwas wurde sie gestört. Die Stille verließ mich und ich trieb nach oben, an die Oberfläche meines Bewusstseins. Ich war nicht allein. Langsam, ganz sanft trieb ich auf dieses Gegenüber zu.

Meine Augen waren geschlossen und ich hatte keine Angst. Ich spürte ihren Atem und nahm die Geduld wahr, mit der sie auf mich wartete. Ich wusste, dass sie neben mir stand, direkt neben meinem Bett. Noch immer hatte ich die Augen geschlossen. Ich ließ sie zu. Sie wartete. Da öffnete ich sie.

Sie stand im ersten Morgenlicht, lächelte still, so als wisse sie es längst, habe es schon immer gewusst. Es war Frühling, sie war krank, und wir hatten bereits erfahren, dass sie sterben würde.

»Mami«, sagte sie. »Ich hab was geträumt.«

Ich hob die Decke und spürte, wie die behagliche Wärme meiner so angenehm verbrachten Nacht entwich. Sie kletterte zu mir ins Bett, schmiegte sich an mich und drehte mir ihr Gesicht zu.

»Mami, ich hab was geträumt«, wiederholte sie, »was ganz Besonderes.«

Unsere Gesichter berührten sich beinahe. Sie hielt inne, ihre Augen glänzten, so als vertraue sie mir gerade ein Geheimnis an.

»Ich hab geträumt, dass Gott mit seinen Engeln gekommen ist, um mich abzuholen und mich dann in den Himmel mitzunehmen!«

Sie klatschte in die Hände.

»Mami«, rief sie voller Aufregung, »wäre das nicht ganz toll?«

Sie schlang ihre Arme um meinen Hals. Ich nickte und drückte sie so fest ich konnte.

Epilog

Sieben Jahre nach Hannahs Tod hat sich vieles verändert. Claude und ich haben uns scheiden lassen. Die Trennung war für mich schmerzlich, aber unausweichlich. Nachdem wir Wochen lang intensive Gespräche geführt und so manch unangenehme Wahrheit ausgesprochen hatten, setzten wir uns an den Küchentisch und entwarfen unseren eigenen Scheidungsvertrag. Wie schon so oft beherzigten wir auch dieses Mal das Markoffsche Gesetz und gaben unter den gegebenen Umständen unser Bestes.

Ansonsten habe ich das neue Leben angefangen, das ich schon immer in mir verspürt hatte. Ein neues Leben, das mittlerweile auch eine neue Ehe einschließt. Möglich wurde es durch die friedliche Stille, die ich während meines letzten gemeinsamen Jahres mit Hannah erlebte, und die sich seitdem zunehmend vertieft hat.

Will, Margaret und Madelaine gedeihen prächtig – nicht zuletzt, so glaube ich, wegen Hannahs fortwährender Präsenz in ihrem Leben. Erst neulich hat mir Will erzählt, dass er sich noch immer jeden Abend vor dem Einschlafen mit Hannah unterhält. Als Margarets Lehrer bei der Einschulung fragte, wer eine große Schwester habe, hob auch Margaret stolz die Hand. Selbst Madelaine, die Hannah im wirklichen Leben nie kennen gelernt hat, spricht viel von ihr und fügt sie in Zeichnungen von unserer Familie ein, manchmal in der Gestalt eines Engels.

Hannahs Magnolienbaum, den wir vor der Kirche gepflanzt haben, blühte gleich im ersten Jahr. Mittlerweile ist seine Krone höher als das Kirchendach. In den unteren Ästen hängen häufig Baumschmuck oder andere kleine Gaben, und in der Erde neben der Gedenktafel, auf der ihr Name steht, steckt ein pastellfarbenes Windrad. Am letzten Muttertag schlug Madelaine vor, den Baum mit selbst gebastelten Anhängern aus Alufolie zu schmücken.

Hannahs rote Schuhe klackerten und tanzten an Madelaines Füßen weiter durchs Leben. Madelaine trug sie so lange, bis der Lack gebrochen, die Riemchen eingerissen und die Absätze abgelaufen waren. Als Symbol für Hannahs fröhliches Wesen werden sie mir unvergessen bleiben.

Dank

Bei allen, die an diesem Buch und seiner Botschaft mitgewirkt haben, kann ich mich gar nicht genug bedanken. Für alle hier Genannten und die, die ich an dieser Stelle nicht erwähnen konnte, breite ich meine Arme aus, öffne mein Herz und verneige mich in Dankbarkeit.

Zunächst möchte ich Toni Burbank, meiner Lektorin bei Bantam, meinen Respekt aussprechen und mich für ihre Klarheit, Großzügigkeit und Aufrichtigkeit bedanken: Dein unermüdlicher Einsatz für mich und dieses Buch ist eine der vielen Gnaden, die mir in diesem Leben zuteil werden, da bin ich mir sicher. Bedanken möchte ich mich auch bei allen anderen von Bantam für ihre Unterstützung und das viele Engagement, das sie nach wie vor für dieses Buch aufbringen.

Dank gebührt auch B. G. Dilworth, meinem Agenten – es ist eine wahre Freude mit dir zusammenzuarbeiten. Danke für deinen unerschütterlichen Glauben an dieses Buch und an alles, was es darstellt. Dein offenes Herz, dein scharfer Verstand und deine Bereitschaft, stets weiterzudenken, weiterzuträumen, inspirieren mich noch heute, genau hinzusehen, hinzuspüren, was das Leben noch alles für mich bereithält. Ich danke auch Debra Evans, der Geburtshelferin dieses Buches – von ihrer Intuition und der Bereitschaft, dieser zu folgen, kann ich nur schwärmen.

Ich danke Mark Matousek, China Galland, Jeremiah Abrams und Joan Oliver für ihre unschätzbar wertvollen redaktionellen Anregungen. Die Liebe und Freude, die mir eure Freundschaft gibt, ist überwältigend. Danken möchte ich auch Jane Hirshfield, nicht nur für ihre kostbare Freundschaft, sondern auch dafür, dass sie mein Herz für die Poesie in mir geöffnet hat. Mein Dank geht an Pfarrer Dunstan Morrisey, der mir die Einsamkeit und Spiritualität der Sky Farm zur Verfügung stellte, in der mein Werk langsam Gestalt annehmen durfte, sowie an Dr. Clark, meinem Englischlehrer – dieses Buch wäre nicht, was es ist, wenn Sie sich nicht geweigert hätten, mir so lange keine Eins zu geben, bis ich wirklich mein Bestes gab. Ich danke Ihnen!

Bedanken möchte ich mich auch bei Jennifer Welwood, deren Freundschaft mir ungeheuer viel bedeutet, und bei John Welwood für seine Aufrichtigkeit, Offenheit und die Bereitschaft, Dinge immer wieder aufs Neue zu hinterfragen. Danken will ich auch dir Palden und mich vor dir und der Stille verneigen, in der wir uns begegnet sind. Danke Rahim, dass du dir von mir »einen seidenen Schlag mit meinem engelsgleichen Zen-Stab« hast versetzen lassen – so deine Worte. Auch dir danke ich, Susan Shannon, es ist mir eine Freude, gemeinsam mit dir den Pfad der Hingabe zu beschreiten. Danke, Florence Falk, für deine Freundschaft und deine Weisheit. Auch euch danke ich, Diane Berke und Tony Zito, für eure Gastfreundschaft, die meine New-York-Besuche immer häufiger und lustiger werden ließ.

Danke, Mary und Phil Lore, ich werde euch nie vergessen, wie ihr mit mir durchs Feuer gegangen seid. Und danke, John, Kaitlin und Samantha, dass ihr mich so herzlich bei euch aufgenommen habt.

Danke, Amy Fox, Vanda Marlow, Kath Delaney, Gary Malkin und Jeff Hutner, für eure Unterstützung, die über eine reine Pflichterfüllung weit hinausgeht. Danke auch dir, Wendy Perry, dass du mich, Roger, meine Kinder und meine Arbeit so herzlich bei dir aufgenommen hast. Danke, Farhad und Mina Nawab sowie John Salz – eure Kaffeehausfreundschaft und die damit verbundenen, anregenden Gespräche weiß ich sehr zu schätzen. Ein dickes Dankeschön geht auch an Darlene vom Donut Alley für die glasierten, marmeladegefüllten Inspirationen, die mir die Zeit vor dem Computer versüßten.

Danke Dr. Peri Kamalaker, Dr. Joel Erdman, Dr. Mark Markoff, Dr. Joel Brockstein, Dr. Bekele, Dr. Saad, Dr. Bagtas, Jill Kurnos-Wichtel, Susan, den Schwestern Pat, Katie, Amy, Bridget, Kathy und all den anderen, an deren Namen ich mich nicht mehr erinnern kann, deren Gesichter mir jedoch unvergesslich sind, danke für die Pflege und das Mitgefühl, die ihr Hannah und meiner Familie entgegengebracht habt. Meinen Dank möchte ich auch den Gemeindemitgliedern der Christ Church United Methodist Church in Fair Haven aussprechen, die für uns gebetet und gekocht haben und unsere Familie während Hannahs Krankheit und auch nach ihrem Tod unterstützt haben, ganz besonders Martha und Rich Wagner, Dave, Maureen, Allison und Sara Squires, Nancy Farr, Bonnie Hallowell, Karen Ganson und Pat Magowan. Ich danke euch.

Danke auch dir, Laurajane Baker, deine Freundschaft und deine Liebe leben in mir weiter. Mein Dank gilt genauso Ralph und Carolyn Baker, die mir gestattet haben, Laurajanes Leben und ihr Lachen in dieses Buch mit aufzunehmen. Ich danke der Fair Haven Gemeinde, insbesondere Rhea und Fred Harris, Bob und Loukia LoPresti, Daryl und Tom Ley, Brenda Jacobson, Meaghan Ladd, Jamie Sussel, Nancy Sheridan, Maureen Campion, Nina Fisher, Joan Forsythe, Rhett Castner und dem Meadow Flower Kindergarten – herzlichen Dank. Dank schulde ich auch Kim Montella, Kate Shevitz, Lili Carroll, Ann und Mark Orr, Barbara und Jimmy Shaw – danke, dass ihr da wart, das werde ich euch nie vergessen.

Ich danke allen Kindern, die in den Herzen derer, die sie lieben, weiterleben: Scott Loire, Danielle Markoff, Erin Barbolini, Kimberley Pertrillo, Ryan Saberon, Bryce Ziegler, David Binaco, Stephen Verdicchio, David Vanderbilt, Sara Appelbaum, Cliff Dainty, Tushar Bhatnagar, Margaret Rose Delatore, Debbie Steup, Pamela Mullen und Anthony Martell – ich verbeuge mich vor euch und euren Müttern.

Danke Claude, dass du Wills, Hannahs, Margarets und Madelaines Vater bist und respektierst, wie ein jeder von uns unter den gegebenen Umständen das Beste tut. Ich danke auch den anderen Mitgliedern der Familie Martell, Wilbur und Helene Martell, Marien und George Kissling, Susan Martell, Ruth und Larry Allen, Charles und Cindy Martell, Julia Martell-Schnaar und Rod Schnaar, Molly und Alan Lynchosky sowie Diana Martell – danke für den Platz, den ihr in meinem Leben eingenommen habt.

Danke, Yann Housden, Gladys Housden, Mark und Elke Housden sowie Claire und Ian Stone, danke, dass ihr mir eure Leben und Herzen geöffnet habt.

Ich danke meinen Eltern Ron und Lenore Schlack, die nie aufgehört haben, an mich zu glauben und mich zu lieben. Dieses Buch ist ein Vermächtnis eurer nie versiegenden Liebe und Unterstützung. Ich danke auch dem Rest meiner Familie, Diana und Chris Root, Laura und Brock Albaugh, Ben und Shelley Schlack, Karl und Marilee Schlack sowie Larry und Marilyn Schlack, danke, danke, danke.

Ich danke Will, Hannah, Margaret und Madelaine, ein jeder von euch ein Quell der Weisheit, Liebe und Schönheit in meinem Leben. Es ist meine größte Freude, eure Mutter zu sein.

Ich danke Roger Housden, meinem geliebten Mann – als du mich das erste Mal ansahst, wusste ich, dass ich endlich erkannt worden war. Danke, für all die Male, die du mich und dieses Buch sanft und eindringlich zugleich unterstützt hast. Ohne dich hätte ich es so niemals schreiben können. Ich bin dir für alles dankbar, was du bist, was du mir schenkst, und für unsere Liebe, die so bedingungslos ist wie ein letzter Atemzug.

Die Originalausgabe erschien 2002 unter dem Titel *Hannah's Gift,*
Lessons from a Life Fully Lived bei Bantam Books, New York
Copyright © 2002 by Maria Housden

Der Ullstein Verlag ist ein Unternehmen
der Econ Ullstein List Verlag GmbH & Co. KG
ISBN 3-550-07530-8
Copyright der deutschsprachigen Ausgabe
© 2002 by Econ Ullstein List Verlag GmbH & Co. KG, München

Alle Rechte vorbehalten. Printed in Germany
Lektorat: Henriette Zeltner
Satz: LVD GmbH, Berlin
Druck und Bindung: GGP Media, Pößneck